Impressum

Englische Originalausgabe
Published in 2007
by Carlton Books Limited
20 Mortimer Street
London W1T 3JW, United Kingdom

Deutsche Lizenzausgabe 2008
C. J. Bucher Verlag GmbH, München

Übersetzung ins Deutsche:
Dr. Ulrike Kretschmer, München
Produktmanagement der deutschen Ausgabe:
Dr. Birgit Kneip
Umschlagestaltung:
Uhlig / www.coverdesign.net
Herstellung: Bettina Schippel

Printed and bound in Dubai

Die Deutsche Nationalbibliothek –
CIP-Einheitsaufnahme
Ein Titeldatensatz für diese Publikation
ist bei der Deutschen Nationalbibliothek
erhältlich.

ISBN 978-3-7658-1713-7

VORIGE SEITE Koalas verbringen den Großteil des Tages schlafend – wenn sie wach sind, fressen sie.

RECHTS Der Puma oder Berglöwe *(Puma concolor)* ist die größte Raubkatze Nordamerikas.

WILD LIFE

JAMES PARRY

INHALT

LINKS Der ausgewachsene Grüne Baumpython ist von leuchtend grüner Farbe; seine Jungen zeichnen sich durch ein zartes Gelb aus.

VORWORT

Sonnenuntergang im »Dornenwald« von Madagaskar, in dem elegante Sifakas unter stacheligen Didiera-Bäumen tanzen; der hypnotisierende »Gesang« der Gibbons, die sich im Regenwald von Borneo von Ast zu Ast schwingen; die klare Bergluft auf dem Dach der Welt, umgeben von den höchsten schneebedeckten Gipfeln des Himalaya; in einem Boot auf den schwellenden, kaffeebraunen Flüssen der Regenwälder am Amazonas unterwegs – diese Eindrücke haben sich tief in mein Gedächtnis und in mein Herz gegraben und erfüllen mich immer wieder aufs Neue mit Freude. Wir alle sind in unsere alltäglichen Probleme und Sorgen verstrickt, doch hat die Natur die Kraft, uns von Zeit zu Zeit innehalten zu lassen und unsere Wahrnehmung für das Hier und Jetzt zu schärfen.

Noch immer gibt es auf der Welt Orte, an denen die Natur vorherrscht, wo sich der Rhythmus des Lebens seit Tausenden von Jahren nicht verändert hat, wo das Leben in all seinem Reichtum, in all seiner Vielfältigkeit sichtbar wird. Dieses Buch ist 50 der schönsten und aufregendsten dieser Orte gewidmet. Es lädt Sie ein zu einer Reise um die Welt, auf der Sie atemberaubende Landschaften und die Natur in ihrer reinsten Form erleben werden: die Ehrfurcht gebietende Artenvielfalt der ostafrikanischen Serengeti, die feuchte Wildnis des Pantanal in Südamerika, die Abermillionen von Seevögeln, die auf den rauen, abgelegenen Inseln Südgeorgiens nisten, die Wolken orangefarbener Monarchfalter, die im Winter nach Mexiko ziehen. Diese faszinierenden Naturschauspiele möchte man »spontan mit Applaus bedenken«, um in den Worten von Douglas Adams zu sprechen.

Dabei ist dieses aufwendig gestaltete Buch ebenso für den unerschrockenen Entdecker gedacht wie für den, der lieber mit dem Finger auf der Landkarte reist. Wort und Bild beschwören wundervolle Oasen der Natur herauf und vermitteln einen tiefen Einblick in die reiche Tierwelt dieser abgeschiedenen Orte – von denen einige gewissermaßen direkt vor unserer Haustür liegen. Die spanischen Picos de Europa beispielsweise verdanken ihre heutige Artenvielfalt auch der Tatsache, dass die Menschen dort das Land immer noch auf traditionelle Weise bewirtschaften.

Dies mag angesichts der fortschreitenden Zerstörung der Umwelt, die in diesem Buch ebenfalls Erwähnung findet, erstaunen; gleichzeitig kann man daraus jedoch auch Hoffnung schöpfen, dass der Mensch die Dinge immer noch zum Guten wenden kann. Davon zeugen »Erfolgsgeschichten« wie die Wiederansiedelung des Wolfs im Yellowstone-Nationalpark oder des Europäischen Bisons – auch als Wisent bekannt – im Bialowieza-Nationalpark an der polnisch-weißrussischen Grenze. Projekte wie diese sind sicherlich schwierig, doch nicht unmöglich. Mit Umsicht und Engagement können Menschen und Tiere auch auf immer engerem Raum friedlich nebeneinander leben.

So soll dieses Buch uns alle dazu bewegen, die wunderschönen Orte und Tiere dieses Planeten zu schützen, den wir unsere Heimat nennen.

Charlotte Uhlenbroek

GEGENÜBER Eine Gabelbockherde grast im Yellowstone-Nationalpark. Die Szenerie erinnert an die mittleren Vereinigten Staaten, wie sie bis um 1850 herum aussahen.

EINFÜHRUNG

Einige der aufregendsten Augenblicke meines Lebens verbrachte ich damit, Tiere zu beobachten. Ich wuchs in einer Londoner Vorstadt auf und wollte schon als Kind dorthin reisen, wo man »echte Tiere« sehen konnte – also irgendwie größere und auch gefährlichere Tiere als die Igel und Füchse, die sich manchmal in meine Nähe verirrten. Die Sommerferien in Wales genügten mir nicht, obwohl ich rückblickend sagen muss, dass ich gerade dort die Liebe zur Natur entdeckte, die mich seither nicht mehr losgelassen hat.

Ich genoss zwar das Privileg, nach Übersee reisen, dort arbeiten und einige der tierreichsten Orte der Welt besuchen zu können; im Laufe der Zeit wurde mir jedoch klar, dass man Tiere und die Natur überall und jederzeit studieren kann, unter den unmöglichsten Umständen – und dass gerade dies das Reizvolle daran ist. Auch veränderte sich meine Vorstellung von »echten Tieren« – der Anblick Tausender Seevögel auf den Klippen der schottischen Insel St. Kilda ist für mich heute ebenso spektakulär wie ein Rudel Löwen auf der Jagd oder Buckelwale beim Abtauchen ins Meer. Wenn man sich von Naturschauspielen faszinieren lässt, spielt die Größe keine Rolle.

Die Orte in diesem Buch wurden aufgrund ihrer geografischen Lage und der Artenvielfalt der Flora und Fauna ausgewählt. Zudem sind sie durch Themen wie die Auswirkungen von Wilderei, der Zerstörung von Lebensräumen und des Klimawandels sowie durch Aspekte des Umweltschutzes und eines möglichen »sanften Tourismus« miteinander verbunden. Für viele der in diesem Buch erwähnten Arten ist die Prognose düster; der Eisbär etwa könnte bereits in einigen Jahrzehnten in freier Wildbahn nicht mehr vorkommen. Einen lebenden Tiger kann man vielleicht schon viel früher nur noch im Zoo bewundern. Richtungsweisende Organisationen wie der Worldwide Fund for Nature, die Wildlife Conservation Society und Birdlife International geben sicher Anlass zur Hoffnung; Fazit ist und bleibt jedoch, dass den Tieren immer weniger Lebensraum zur Verfügung steht. In weiten Teilen Afrikas und Asiens ist die Anzahl der außerhalb von geschützten Gebieten lebenden großen Säugetiere in den letzten Jahrzehnten rapide gesunken – und sinkt noch immer.

Je größer das Bevölkerungswachstum, desto größer der Druck auf die Umwelt. In Ländern, die sich schnell entwickeln, werden die Tiere – und, viel wichtiger, der Lebensraum, von dem sie abhängen – entweder als Ressource angesehen, die man bis zur Erschöpfung nutzen kann, oder als Hindernis auf dem Weg zu Wirtschaftswachstum und Wohlstand. Anstatt uns davon entmutigen zu lassen, sollten wir jedoch etwas unternehmen. Wir können den Einheimischen klar machen, dass lebende Tiere für sie wertvoller sind als tote – dann »lohnt« sich der Umweltschutz für sie letztendlich auch ökonomisch, was einen langfristigen Anreiz darstellt. Eine ökologisch verträgliche Einnahmequelle könnte etwa der »sanfte Tourismus« sein – solange er die Taschen derjenigen füllt, die direkt vor Ort dafür arbeiten. Ebenso wichtig ist jedoch der ideologische Kampf: die Menschen mit zunehmend städtischem und industriellem Hintergrund wieder mit der Natur zu verbinden und in ihnen wieder den Sinn für die Schönheit und Vielfalt der Natur zu wecken.

Fragen Sie Freunde und Familien von Naturforschern nach den unzähligen Geschichten, in denen von stundenlangem Warten in frostigen Verstecken oder Gewaltmärschen über windgepeitschtes Land die Rede ist, immer auf der Suche nach dem kleinen Etwas, das sich der zoologischen Klassifizierung bisher entzogen hatte. Die Geschichten mögen übertrieben erscheinen, doch bestimmt gab es auch Augenblicke in Ihrem Leben, als Sie sich von der Natur (be)rühren ließen – sei es durch den Flügelschlag eines Kolibris, so schnell, dass das menschliche Auge ihn fast nicht wahrnehmen kann, oder die winzige Meeresschildkröte auf ihrer ersten gefährlichen Reise zum Ozean. Diese Augenblicke sind es, die dem Umwelt- und Artenschutz ihren größtmöglichen Erfolg garantieren.

James Parry

RECHTS Die Gold-Stumpfnasenaffen (Pygathrix roxellana) leben in den Bergwäldern Chinas. Durch Verlust eines Großteils ihres Lebensraumes gibt es heute nur noch 1500 Exemplare in freier Wildbahn.

LAGE DER VORGESTELLTEN ORTE

Die Ziffern (1) beziehen sich auf die Nummerierung des Eintrags.

NORDPOLARMEER
Svalbard
Franz-Josef-Land
Sewernaja Semlja
Neusibirische Inseln
Ostsibirische See
Wrangel-Insel
Barentssee
Nowaja Semlja
NORWEGEN
SCHWEDEN
FINNLAND
St. Petersburg
Ostsee
Moskau
Wolga
Ob
Jenissej
Lena
SIBIRIEN
RUSSLAND
Baikalsee
Ochotskisches Meer
Beringmeer
Aleuten
Berlin
POLEN
DEUTSCHLAND
2 Bialowieza-Nationalpark
UKRAINE
5 Alpen
RUMÄNIEN
4 Donaudelta
Schwarzes Meer
Rom
ITALIEN
GRIECHENLAND
TÜRKEI
Kasp. Meer
KASACHSTAN
Aralsee
Balchaschsee
MONGOLEI
Beijing
Japanisches Meer
JAPAN
Tokio
CHINA
18 Ladakh
27 Qinling
Gelbes Meer
Shanghai
Mittelmeer
IRAK
IRAN
Indus
PAKISTAN
NEPAL
Ganges
Jangtse
Kairo
LIBYEN
ÄGYPTEN
Rotes Meer
SAUDI-ARABIEN
Bharatpur 26
24 Kaziranga
INDIEN
Gir 20
22 Kanha
21 Oman
PAZIFISCHER OZEAN
NIGER
TSCHAD
Nil
SUDAN
YEMEN
Mumbai
BURMA
Hainan
THAILAND
Bangkok
Süd-chin. Meer
PHILIPPINEN
ÄTHIOPIEN
25 Yala
SRI LANKA
Kinabatangan
Taman Negara 19
Danum 23
Kuala Lumpur
MALAYSIA
Borneo
Sumatra
Sulawesi
Neuguinea
KAMERUN
SOMALIA
KENIA
14 Gabun
Ivindo
Lope
Loango
Kongo
Victoriasee
11 Meru
Bwindi 17
9 Serengeti
15 Ngorongoro-Krater
ZAIRE
Mahale 8
Tanganjikasee
SEYCHELLEN
INDONESIEN
31 Tari Gap
PAPUA-NEUGUINEA
Java
Timor
TANSANIA
Nyasasee
ANGOLA
SAMBIA
MOSAMBIK
INDISCHER OZEAN
28 Kakadu
32 Daintree
FIDSCHI
13 Damaraland
12 Okawango
MADAGASKAR
Ifaty 10 »Dornenwald«
Berenty
NAMIBIA
BOTSWANA
Kalahari-Wüste
AUSTRALIEN
SÜDAFRIKA
Kapstadt
Kap der Guten Hoffnung
Perth
Flinders Bay
Fitzgerald River Nat. Park
33
30 Warrumbungle
Sydney
Melbourne
Tasmanien
NEUSEELAND
29 Kaikoura
INDISCHER OZEAN

EUROPA

Auf den ersten Blick mutet eine Safari durch Europa etwas seltsam an – handelt es sich hier doch um einen der am weitesten entwickelten Teile der Welt, dicht besiedelt und mit kaum einem Flecken, der nicht industriell genutzt würde. Und doch gibt es auch in Europa noch eine Wildnis, in der große Raubtiere wie Braunbären und Wölfe oder beeindruckende Vögel wie der Rabergeier und die Großtrappe leben. Der Einfluss der Umweltschutzlobby macht sich in Europa ebenso bemerkbar wie überall auf der Welt; auch hier entstehen immer mehr Schutzgebiete, die dem Erhalt eines breiten Spektrums an Lebensräumen dienen. Welche Priorität insbesondere Artenschutzprogramme in vielen europäischen Ländern haben, sieht man an den zahlreichen Projekten zur Wiederansiedelung beinahe ausgestorbener Spezies. Dennoch bleibt viel zu tun. Die meisten Tiere und Pflanzen Europas existieren heute in einer von Menschen geschaffenen Landschaft – so wird die Fähigkeit, sich an neue Lebensräume und eine veränderte Umwelt anzupassen, immer mehr zu einem entscheidenden Überlebensfaktor.

UNTEN Tausende von Rosapelikanen in ihrem bevorzugten Lebensraum, dem Donaudelta. Das Gebiet ist eines der besten in Europa, um Wasservögel zu beobachten.

Gegenüber **Hunderte von Basstölpeln erheben sich in den Nebel über ihren Nistplätzen. Mit einer Flügelspanne von 1,80 Metern sind sie die größten Seevögel, die man regelmäßig an den Küsten Großbritanniens beobachten kann.**

Rechts **Die Tölpelpaare, die auf diesem Felsvorsprung brüten, sind jeweils nur etwa eine Schnabellänge voneinander entfernt. Ihre hoch aufragende, mehrstöckige Struktur hat diesen Kolonien den Spitznamen »Seevogel-Manhattan« eingebracht.**

1. Die Seevögel von St. Kilda

Die abgelegenen Inseln vor den Nord- und Westküsten Großbritanniens bilden die Kulisse eines der größten Naturschauspiele der Welt, das allerdings kaum je die Aufmerksamkeit bekommt, die es verdient. Hier, am Rande Europas, umtost vom rauen nordatlantischen Ozean, ziehen Millionen von Seevögeln ihre Jungen auf, die Kolonien gehören zu den größten der Welt. Wie sie zu ihrem Spitznamen »Seevogel-Manhattan« kamen, ist angesichts der bis zu 400 Meter hohen Klippen keine Frage mehr.

Die Gegend ist durch eine spektakuläre, aber auch bedrohlich wirkende Landschaft geprägt. Bäume gibt es kaum, die meisten Landvögel und Säugetiere finden es hier eher unwirtlich, das Klima ist rau. Zwar sorgt der Golfstrom für mäßige Temperaturen, die jährliche Niederschlagsmenge ist jedoch hoch, und der Wind erreicht vor allem im Herbst und Winter nicht selten eine Geschwindigkeit von 170 Stundenkilometern. Doch im Frühling und Sommer erfüllt der Ort zwei grundlegende Voraussetzungen, die Seevögel zum Überleben brauchen: sichere Plätze, wo sie ihre Eier ablegen und Jungen aufziehen können – die zahlreichen Klippen und vorgelagerten Inseln – und ausreichend Nahrung – meist aus dem Meer – für sich und die Jungen.

Für Menschen ist der Zugang zu den besten Nistplätzen mehr als schwierig, am schwierigsten jedoch auf der abgeschiedenen Insel St. Kilda. Sie liegt 66 Kilometer westlich der Äußeren Hebriden und kann ausschließlich per Boot erreicht werden – und auch das nur dann, wenn es die Wetterbedingungen zulassen. Auf der Hauptinsel mit ihren zahlreichen Nebeninselchen nisten zwischen April und August jährlich mindestens 700 000 Seevögel. Damit ist St. Kilda die größte Seevogelkolonie im nordöstlichen Atlantik und umfasst einen nicht unerheblichen Prozentsatz der Gesamtpopulation einiger Arten. Die Basstölpelkolonie *(Morus bassanus)* ist mit 60 000 Paaren eine der weltweit größten, die des Eissturmvogels *(Fulmarus glacialis)* mit 67 000 Paaren die größte Westeuropas und die des Papageitauchers *(Fratercula arctica)* mit 250 000 Paaren die größte Großbritanniens – Letztere umfasste früher schätzungsweise sogar zwei Millionen Paare.

Die verschiedenen Seevogelarten – insgesamt sind es 17 –, die in der Brutzeit nach St. Kilda kommen, haben unterschiedliche Bedürfnisse und besetzen deshalb auch leicht unterschiedliche ökologische Nischen. Die schmale Grasnarbe auf den Klippen bietet Unmengen von Papageitauchern einen Lebensraum; sie nisten in Kaninchenbauen, aus denen sie die ursprünglichen Bewohner meist vertreiben. Auch die Tölpel bevölkern den oberen Teil der Klippen; sie bevorzugen offene, weite Ebenen oder Felsvorsprünge als Nistplätze. Eissturmvögel fühlen sich an der Grenze zwischen Grashang und Felsvorsprung wohler; sie legen ihre Eier in einfachen Mulden ab. Die wahren »Klippenkünstler« sind die Trottellummen *(Uria aalge)* und Tordalken *(Alca torda)*: Sie

brüten ihre Eier auf nackten, nur wenige Zentimeter breiten Felsnasen aus, neben denen die Küste viele Meter steil zum Meer hin abfällt. Ähnliche Nistplätze mögen auch die Dreizehenmöwe *(Rissa tridactyla)*, der Kormoran *(Phalacrocorax carbo)* und die Krähenscharbe *(Phalacrocorax aristotelis)*; sie bauen jedoch ein einfaches Nest aus Seetang. Ganz unten, in Nischen am Fuße der Klippen, in der Gischt sich brechender Wellen, nistet die Gryllteiste *(Cepphus grylle)*.

Ein Besuch der Klippen im Mai und Juni ist ein unvergessliches Erlebnis: Unzählige Vögel schwirren umher, verlassen die Klippen auf der Suche nach Futter, kehren zurück, um die Jungen zu füttern, oder nehmen ein Bad im Meer. Geräuschpegel und Betriebsamkeit sind atemberaubend – obwohl man einige der individuenreichsten Arten von St. Kilda noch nicht einmal bei Tag sehen kann. In der Brutzeit begeben sich viele Tausende (eine genaue Zahl konnte man bis heute nicht ermitteln) von Sturmschwalben *(Oceanodroma leucorhoa)* im Schutz der Dunkelheit an Land, wo sie in versteckten Nischen am oberen Rand der Klippen brüten; den Tag verbringen sie mit der Suche nach Futter auf dem Meer.

Im Winter sind die Klippen von St. Kilda öd und leer. Die meisten Seevögel verbringen den ungemütlichen Teil des Jahres auf dem offenen Meer, erst im März oder April kehren sie zurück. Früher ernährten sich die menschlichen Bewohner der Insel von den jungen Vögeln; sie fristeten ein karges Dasein, bevor man sie 1930 auf das Festland umsiedelte. Heute gehört St. Kilda zum Welterbe der UNESCO, man widmet sich hier dem Tierschutz – was allem Anschein nach auch dringend nötig ist. In den letzten Jahren verzeichnete man in einigen der britischen Seevogelkolonien kaum Nachwuchs; dies hängt vermutlich mit dem Verschwinden einer wichtigen Nahrungsquelle, des Sandaals, zusammen. 2005 gab es besonders wenige Sandaale; wer zu dieser Zeit St. Kilda besuchte, wurde Zeuge des traurigen Schauspiels, wie Papageitaucher erfolglos versuchten, ihre Jungen mit ungenießbaren Seenadeln zu füttern. Viele der Jungvögel verhungerten in ihren unterirdischen Bauen.

Grund für das Verschwinden des Sandaals ist vermutlich die globale Erwärmung. Sandaaljunge ernähren sich von Plankton, das kältere Gewässer bevorzugt. Da die Nordsee heute 2 °C wärmer ist als vor 20 Jahren, starb das Plankton entweder ab oder zog nach Norden. Vielleicht müssen auch die Seevögel nach Norden ziehen und ihre traditionellen Nistplätze aufgeben, wenn sie überleben wollen. Zwischenzeitlich drohen weitere Gefahren. Der Bestand an Sturmschwalben beispielsweise – die Population auf St. Kilda ist europaweit die größte – wurde in den letzten Jahren deutlich durch die Große Raubmöwe *(Stercorarius skua)* dezimiert. Dieser relativ junge St.-Kilda-Bewohner gehört selbst einer gefährdeten Art an, obwohl sich die Population wieder etwas erholt hat, seit die Fischkutter der Region den Vogel mit Fischabfällen versorgen. Fehlt ihm diese Nahrungsquelle jedoch, wendet er sich einer anderen – den Sturmschwalben – zu. So kommt es auf St. Kilda zu der paradoxen Situation, dass eine Seevogelart das Überleben einer anderen gefährdet.

OBEN **Die Große Raubmöwe ist ein unbarmherziger Raubvogel. Sie greift andere Seevögel so lange an, bis diese ihre letzte Mahlzeit wieder herauswürgen.**

RECHTS **Eine Trottellumme verschlingt einen Sandaal. Der Bestand an Sandaalen hat direkte Auswirkungen auf den Bruterfolg zahlreicher Seevogelarten im Nordatlantik.**

GEGENÜBER OBEN **Stac an Armin ist Teil des St.-Kilda-Archipels und ein Hauptbrutplatz für Seevögel. Hier wurde 1840 auch der letzte Riesenalk *(Pinguinus impennis)* Großbritanniens getötet; die Art ist heute weltweit ausgestorben.**

GEGENÜBER UNTEN **Pagageitaucher kümmern sich liebevoll um ihre Jungen. Sie brüten Jahr für Jahr mit demselben Partner meist in denselben Bauen.**

2. Europas letzter Urwald: Bialowieza-Nationalpark

GEGENÜBER **Im Wald von Bialowieza stehen einige der höchsten Bäume Europas. Diese spätwinterlichen Eichen überragen mit ihren Kronen alle anderen Stockwerke des urtümlichen Walds.**

Der Wald von Bialowieza an der Grenze zwischen Polen und Weißrussland ist der letzte Flecken Urwald, der einst ganz Europa bedeckte. Diese ursprüngliche Landschaft wurde im Lauf der Zeit durch das Eingreifen des Menschen immer zersiedelter – heute ist von den einstigen Wäldern fast nichts mehr übrig. Einige Überbleibsel haben in diesem abgelegenen Teil Osteuropas dennoch überlebt und sich seit der letzten Eiszeit vor über 10 000 Jahren wenig verändert. Deshalb bietet die Gegend heute die einzigartige Gelegenheit, einen wirklichen Urwald kennenzulernen, den unsere Vorfahren, als sie noch Jäger und Sammler waren, auf der Suche nach Nahrung durchstreiften.

Doch nicht nur die Flora von Bialowieza ist erhalten geblieben, auch einige der großen, »urtümlichen« Säugetiere trifft man hier noch an. Nirgendwo sonst in Europa leben Europäischer Bison (oder Wisent), Elch, Rothirsch, Wolf und Luchs noch Seite an Seite – einzig der Braunbär fehlt. Hinzu kommen noch mehr als 200, inzwischen seltene Vogelarten sowie eine erstaunliche Artenvielfalt an Pflanzen und Wirbellosen. Die vielen im Wald lebenden Tiere waren der Hauptgrund, warum man die Gegend 1409 zum Jagdrevier erklärte und sie 1932 als Nationalpark unter Schutz stellte.

Seinen ökologischen Reichtum verdankt Bialowieza sowohl seinem Alter als auch seiner Vielfältigkeit. Die vielen verschiedenen Spezies von Bäumen und anderen Pflanzen bilden ein Mosaik unterschiedlicher Lebensräume mit jeweils spezifischer Flora und Fauna. Biologen konnten hier mindestens 16 verschiedene Waldarten identifizieren; am weitesten verbreitet ist ein Mischwald aus Laub abwerfenden Eichen, Linden und Weißbuchen – wahrscheinlich die typische Vegetation des gemäßigten europäischen Urwalds. Auf kargeren Böden finden sich auch Fichten-Kiefern-Wälder mit einer für Nordeuropa charakteristischen Fauna, in feuchteren Biotopen auch Erlenwälder mit Farnen, Moosen und vielen wirbellosen Tieren.

Eine Wanderung durch die älteren Gebiete Bialowiezas ist eine einzigartige Erfahrung. Einige der Bäume sind über 600 Jahre alt, andere erreichen schwindelerregende Höhen von 40 oder vereinzelt sogar von bis zu 55 Metern. Meist bilden die Baumkronen ein geschlossenes Blätterdach, das nur von Unterständen durchbrochen wird, die die besten Möglichkeiten zur Tierbeobachtung bieten; es gibt

RECHTS **Die Winter in Bialowieza sind lang und hart und stellen für alle Tiere eine Herausforderung dar. Eine dicke Schneeschicht bedeckt den Boden oft ununterbrochen mehrere Wochen und Monate lang; in dieser Zeit versorgen die Parkwächter die Wisente mit Heu.**

jedoch auch offene Flächen, häufig in der Nähe der wenigen Siedlungen. In dem Dorf, das der Gegend ihren Namen gegeben hat, wird immer noch traditionelle Landwirtschaft betrieben; das Konglomerat kleiner Felder wird mit von Pferden gezogenen Pflügen und Holzkarren bearbeitet – eine ländliche Idylle, die man in Westeuropa kaum mehr antrifft. Zum Wald gehören auch Marsch- und Sumpfgebiete, in denen einige der selteneren Vogelarten – der Schwarzstorch *(Ciconia nigra)* beispielsweise und der Kranich *(Grus grus)* – heimisch sind.

Am berühmtesten ist Bialowieza jedoch für seinen Bestand an Europäischen Bisons bzw. Wisenten *(Bison bonasus)*, dem größten an Land lebenden Säugetier Europas. Die Männchen erreichen eine Schulterhöhe von fast zwei Metern und ein Gewicht von bis zu 900 Kilogramm. Sie sind zwar nah mit dem Amerikanischen Bison (siehe S. 177) verwandt, grasen jedoch nicht in der offenen Prärie, sondern haben sich an ein Leben im Wald angepasst, wo sie sich von Blättern, Blüten und Baumrinde ernähren. Bislang sind zwei Unterarten des Wisents bekannt: Die eine lebt im Tiefland in den Wäldern Osteuropas, die andere in höheren Regionen im Kaukasus. Beide Bestände wurden durch Jagd jedoch stark dezimiert, seit dem Ersten Weltkrieg sind die Tiere in freier Wildbahn vom Aussterben bedroht. Der letzte frei lebende Tiefland-Bison wurde 1919 erlegt, woraufhin man mit gefangenen Tieren ein Zuchtprogramm startete. In den 1950er Jahren wurde der Europäische Bison in Bialowieza wieder angesiedelt; heute gibt es zu beiden Seiten der polnisch-weißrussischen Grenze mehr als 600 frei lebende Wisente.

Zu Gesicht bekommt man einen Bison in Bialowieza jedoch selten. Die sehr scheuen Tiere leben in kleinen Herden in den undurchdringlicheren Bereichen des Walds; werden sie gestört, ziehen sie sich schnell und leise zurück. Im Winter hat man eine größere Chance, einen Bison zu sehen: In den kälteren Monaten locken die Futtertröge Bisonkühe und -kälber an. Die männlichen Bisons leben fast das ganze Jahr über allein und nähern sich der Herde nur in der Paarungszeit zwischen August und Oktober. Zu dieser Zeit kann man dann manchmal miterleben – genauer: hören – wie die ausgewachsenen Bullen miteinander um die Weibchen kämpfen.

Mehr Glück mit der Tierbeobachtung bei einem Besuch im Wald hat man mit Wild. Sowohl Rotwild *(Cervus elaphus)* als auch Rehe *(Capreolus capreolus)* sind zahlreich vertreten, ebenso Wildschweine *(Sus scrofa)*. Elche *(Alces alces)* sind seltener und scheuer, am ehesten findet man sie in den feuchteren Erlenwäldern und Marschen. Einen Blick auf eines der beiden großen Raubtiere, den Wolf *(Canis lupus)* oder den Luchs *(Lynx lynx)*, zu erhaschen ist sehr schwierig – aber nicht unmöglich. Auch dafür ist der Winter die beste Zeit, da es der Schnee dem Kundigen ermöglicht, ihren Spuren zu folgen. Mit viel Glück und Geduld kann man dann ein Rudel Wölfe auf seinem Streifzug durch den Wald sehen; Orte, an denen man sich auf die Lauer legen kann, sind vorhanden. Eine Gruppe harrte einmal eine ganze Nacht aus; Wölfe kamen nicht vorbei – dafür im Morgengrauen aber ein Luchs.

OBEN **Eine Herde Wisentkühe mit ihren Kälbern. Die Population in Bialowieza gedeiht und wächst zwar, durch den begrenzten Genpool sind die Tiere allerdings anfällig für Erbkrankheiten.**

GEGENÜBER **In Bialowieza gibt es recht viele Wölfe, zu Gesicht bekommt man allerdings selten welche. Manchmal hat man Glück, wenn man den Spuren eines Rudels im Schnee folgt.**

UNTEN **Feuchtgebiete wie dieses bieten Vögeln und Elchen einen idealen Lebensraum; Letztere ernähren sich von den hier wachsenden Wasserpflanzen.**

3. Schmetterlinge in den Picos de Europa

Im Norden Spaniens erstreckt sich die Bergkette der Cordillera Cantábrica als westlicher Ausläufer der Pyrenäen 300 Kilometer weit vom Baskenland bis an die Ostgrenze Galiciens. Im Herzen des zerklüfteten Gebiets befinden sich die Picos de Europa, drei Kalksteinmassive, zu denen auch der Torre Cerrado gehört, mit 2648 Metern der höchste Gipfel der Cordillera. Die Picos werden von tiefen Schluchten durchschnitten, durch die sich Flüsse gen Norden zum Golf von Biskaya schlängeln, und bieten einer ungeheuren Vielfalt von Flora und Fauna eine Heimat. Ihre Artenvielfalt verdankt die Gegend den zahlreichen Lebensräumen und den unterschiedlichen Umweltbedingungen. Neben nackten Felsvorsprüngen findet man hier auch Hochebenen, Kalksteinflächen, Nadel- und Laubwälder – Letztere überwiegend mit Buchen- und Stieleichenbestand –, sowie Heideland und blumenübersäte Wiesen.

Was die Picos so besonders anziehend für Tiere macht – und für Menschen, die das ökologische Gleichgewicht der Gegend aufrechterhalten wollen –, liegt an den traditionellen Techniken der Landwirtschaft, die sich seit Hunderten, wenn nicht seit Tausenden von Jahren bis heute hier gehalten haben. Meist betreiben die ansässigen Bauern Schaf- und Viehzucht und praktizieren die sogenannte Transhumanz, eine Wirtschaftsform, bei der das Vieh auf höher gelegene Sommerweiden *(vegas)* gebracht wird. Die Weiden im Tal werden im Sommer zur Produktion von Heu genutzt, mit dem die Tiere gefüttert werden, nachdem im Herbst der Abtrieb erfolgt ist. Den Winter verbringen die Tiere in Ställen in den Dörfern, mit ihrem Mist werden anschließend wieder die Weiden gedüngt.

Ein Ergebnis dieser Wirtschaftsform ist ein attraktives Mosaik aus Wiesen, Forsten und Obstgärten in den Niederungen und rauerem Terrain in den Bergen. Tiere fühlen sich hier besonders wohl: Fast überall finden sich eine atemberaubende Artenvielfalt und große Populationen, etwa Säugetiere wie der Braunbär *(Ursus arctos)*, der Wolf *(Canis lupus)* sowie Rothirsche *(Cervus elaphus)*, Rehe *(Capreolus capreolus)* und Gemsen *(Rupicapra pyrenaica parva)*. Nicht minder beeindruckend ist die Vogelvielfalt: Mehr als 170 Arten wurden in den Picos bislang registriert, darunter zahlreiche Raubvogelarten. Für die Größe des Gebiets – knappe 100 Quadratkilometer, zu denen auch der Picos-Nationalpark gehört – gibt es hier auch erstaunlich viele Pflanzenarten; bislang entdeckte man rund 1400.

Den berechtigterweise größten Ruhm erlangten die Picos allerdings für die vielen Schmetterlinge, die hier leben. Man zählte 155 Arten – mehr als irgendwo sonst an einem vergleichbaren Ort in Europa. Auch dies spiegelt die Verhältnisse der unterschiedlichen Lebensräume, der traditionellen Landbewirtschaftung und der verschiedenen Mikroklimata wider, die in diesem Teil Spaniens vorherrschen. Schmetterlinge gibt es in den Picos zwischen März und Oktober, und manchnmal auch noch danach; die meisten halten sich jedoch im Juni und Juli hier auf. Hat man zu dieser Zeit auch noch Glück mit dem Wetter, kann man an einem einzigen Tag bis zu 50 verschiedene Schmetterlingsarten sehen.

RECHTS **Die Wildblumenwiesen der Picos sind nur einer der vielen tierreichen Lebensräume der Gegend. Sie sind vor allem wegen der Schmetterlinge berühmt; im Hochsommer trifft man hier auf zahlreiche Arten.**

Bevorzugter Lebensraum der Schmetterlinge sind die blumenübersäten Wiesen. Hier tummeln sich zwischen Früh- und Mittsommer die meisten Arten, etwa Schwalbenschwanz *(Papilio machaon)*, Segelfalter *(Iphiclides podalirius feisthamelii)*, *Glaucopsyche melanops*, Schwarzblauer Moorbläuling *(Maculinea nausithous)*, Alexis-Bläuling *(Glaucopsyche alexis)*, Großer Wanderbläuling *(Lampides boeticus)*, Violetter Waldbläuling *(Cyaniris semiargus)*, Lilagold-Feuerfalter *(Lycaena hippothoe)* und Brauner Feuerfalter *(Lycaena tityrus)*. Darüber hinaus haben Schmetterlingsforscher in den Picos mehr als 20 Arten von Edelfaltern identifiziert, darunter den Großen Perlmutterfalter *(Argynnis aglaja)*, den Feurigen Perlmutterfalter *(Argynnis adippe)*, den Flockenblumen-Scheckenfalter *(Melitaea phoebe)* und den Kleinen Perlmutterfalter *(Issoria lathonia)*. Im Gebüsch und am Waldrand der Niederungen kann man häufig Bläulinge wie den Kreuzdorn-Zipfelfalter *(Satyrium spini)* sehen, offenere Grasflächen mit verstreutem Besenginster- und Heidekrautbewuchs bieten dagegen dem ausschließlich im Nordwesten Spaniens vorkommenden *Erebia palarica* einen idealen Lebensraum.

Einige der aufregendsten Schmetterlingsarten in den Picos bekommt man leider nur selten zu Gesicht – sie sind in den Felsengärten und auf den Weiden der höheren Regionen heimisch. Zu diesen gehören der auffällige Rote Apollo *(Parnassius apollo)*, die endemischen Arten *Agriades pyrenaicus asturiensis* und *Erebia lefebvrei astur*, der Sonnenröschen-Würfel-Dickkopffalter *(Pyrgus alveus)*, der Hochalpen-Perlmutterfalter *(Boloria pales)* und der Alpengelbling *(Colias phicomone)*. In dieser Höhe sind die meisten Schmetterlinge etwas später im Flug als im Tal, am meisten Glück hat man im späten Juli und August. Einen Lebensraum für spezielle Arten stellen die geschützten Schluchten und nach Süden weisenden Täler der Liébana dar; da sie wärmer sind, finden sich hier viele sonst im Mittelmeerraum heimische Schmetterlinge, im Mai etwa der Kleopatrafalter *(Gonepteryx cleopatra)* und der Gelbe Aurorafalter *(Anthocharis belia)*, sowie das bemerkenswerte Wiener Nachtpfauenauge *(Saturnia pyri)*, das manchmal auch Balkonlichter und Straßenlampen in den Dörfern umschwirrt.

Leider sind immer mehr Schmetterlingsarten durch die Zerstörung ihrer Lebensräume – meist aufgrund von intensiver Landwirtschaft und industrieller Erschließung oder einfach aufgrund von Nachlässigkeit – vom Aussterben bedroht. Die Picos mit ihrer atemberaubenden Landschaft bilden da eine rühmliche Ausnahme: Wo sonst in Westeuropa ist es noch möglich, auf mit Blumen übersäten Wiesen spazieren zu gehen und dabei Schwärme von Schmetterlingen zu beobachten, die aus bis zu 30 verschiedenen Arten bestehen?

GANZ OBEN **Wie bei den meisten Edelfaltern, so besteht auch die Flügelunterseite des Hochalpen-Perlmutterfalters aus einem wahren Mosaik wunderschöner Farben.**

OBEN **Der *Erebia palarica* kommt ausschließlich in den Picos vor; Schmetterlingsenthusiasten schätzen sich glücklich, wenn sie ihn nur ein einziges Mal zu Gesicht bekommen.**

LINKS **Das Wiener Nachtpfauenauge ist die größte Schmetterlingsart Europas und in den mittleren sowie südlichen Teilen des Kontinents heimisch.**

GEGENÜBER **Der Rote Apollo gehört zweifelsohne zu den schönsten Schmetterlingen Europas. Er ist gut an Höhen oberhalb der Baumgrenze angepasst, kommt mittlerweile aber leider nur noch selten vor.**

4. Wasservögel im Donaudelta

Die Donau, nach der Wolga Europas zweitlängster Fluss, entspringt im Schwarzwald in Deutschland und schlängelt sich gen Osten durch neun weitere Länder, bis sie nach rund 2900 Kilometern schließlich ins Schwarze Meer mündet. Den letzten Teil der Reise legt sie durch ein riesiges Delta zurück, das größtenteils in Rumänien, teilweise aber auch in der Ukraine liegt und Wälder, Seen, Marschen und Dünen umfasst. Dort bahnt sich der Strom seinen Weg durch drei Hauptkanäle sowie durch ein Labyrinth aus kleineren Flüssen und Kanälen mit Schilfbetten dazwischen – ein wahres Paradies für Tiere und speziell für Vögel, das in Europa seinesgleichen sucht.

Das Delta entstand aus Millionen Tonnen von Schlamm, die der Fluss im Laufe der Zeit angeschwemmt hatte, und breitet sich konstant weiter ins Schwarze Meer aus, mit einer Geschwindigkeit von 30 Metern pro Jahr. 580 000 Hektar des Deltas erklärte die UNESCO zum Biosphärenreservat und Welterbe, doch der Zugang zu den besten Stellen ist nicht einfach. Straßen gibt es kaum, ein einheimischer Führer ist unabdingbar. Am lohnendsten und schönsten ist es, das Gebiet zu Wasser zu erkunden, möglichst nicht mit dem Motorboot. Wer sich so leise wie möglich nähert, hat die besten Chancen, einen Blick auf die sehr seltenen Vogelarten zu erhaschen. Ganz oben auf der Liste stehen bei vielen Vogelfreunden im Sommer die Pelikane. Zwei Arten brüten hier: zum einen der Rosapelikan *(Pelicanus onocrotalus)* mit geschätzten 2500 nistenden Pärchen, die man recht häufig sehen kann, und zum anderen der viel seltenere Krauskopfpelikan *(Pelicanus crispus)* mit nur etwa 40 nistenden Pärchen.

Generell ist es nicht einfach, überhaupt irgendetwas im Delta mit seiner verwirrenden Topografie zu finden. Im Großteil des Gebiets gibt es nicht einmal festes Land, die meisten der Lebensräume erstrecken sich über sehr weite Flächen. Die Schilfbetten beispielsweise sind riesig; manchmal treibt man mit dem Boot stundenlang nur an Schilfrohr vorbei. Die fehlende Abwechslung in der Landschaft wird durch die »Action« in der Luft allerdings mehr als wettgemacht. Im Sommer sind fast

OBEN **Das Donaudelta besteht aus einem Irrgarten smaragdgrüner Gewässer mit üppiger Ufervegetation. Im Sommer wimmelt es hier vor Insekten, darüber hinaus bietet der Lebensraum ideale Bedingungen für viele Vogel- und andere Tierarten.**

GEGENÜBER **Die Jungen der Rosapelikane erinnern eher an Reptilien als an Vögel. Einst waren Pelikane in Europa viel weiter verbreitet, heute sind sie durch Jagd und Zerstörung des Lebensraums bedroht. Das Donaudelta ist einer ihrer letzten Zufluchtsorte.**

Oben Der Winter zieht riesige Schwärme von Enten und Gänsen ins Delta, darunter auch die erstaunliche Rothalsgans. Die Art brütet im arktischen Russland und ist stark gefährdet; der Großteil der Population überwintert an nur einigen wenigen Orten in Südosteuropa.

Gegenüber oben Das Delta umfasst das größte zusammenhängende Schilfbett der Welt. Das Schilf bietet nicht nur Tieren einen wertvollen Lebensraum, es wird von den Einheimischen auch zum Decken von Dächern, Flechten von Matten und Körben sowie zur Herstellung von Faserbrei für die Papierindustrie verwendet.

Gegenüber unten Der Braunsichler ist eine Besonderheit im Donaudelta; in den letzten Jahrzehnten wurde der Bestand jedoch stark dezimiert. Der Zugvogel verbringt den Winter in Schwarzafrika und kehrt im Frühjahr zum Brüten zurück.

ununterbrochen Raubvögel wie die Rohrweihe *(Circus aeruginosus)*, die Wiesenweihe *(Circus pygargus)* und der Rotfußfalke *(Falco vespertinus)* am Himmel zu sehen; dessen akrobatische Jagdkunststücke, wenn er Libellen über das Schilf verfolgt, stellen ein besonderes Schauspiel dar. Zu dieser Zeit ebenfalls präsent sind die blau und kastanienfarben schimmernde Blauracke *(Coracias garrulus)* sowie der farbenprächtige Bienenfresser *(Merops apiaster)*, den man an seinem charakteristischen, etwas heiser klingenden Ruf (»prürr« oder »krük krük«) erkennen kann.

Eine Reise ins Donaudelta lohnt nicht zuletzt auch wegen der vielen verschiedenen Reiher- und Watvogelarten, die man fast immer sehen kann. Mehrere Arten nisten hier in großer Zahl, etwa die Zwergdommel *(Ixobrychus minutus)* mit rund 10 000 Pärchen (mindestens ein Drittel der gesamten europäischen Population), der Braunsichler *(Plegadis falcinellus)*, der Rallenreiher *(Ardeola ralloides)* und der Nachtreiher *(Nycticorax nycticorax)*. Dazu gesellen sich 2500 Paare (60 Prozent der weltweiten Population) von Zwergscharben *(Phalacrocorax pygmeus)*, die man am besten auf den Schilfrohren am Wasser beobachten kann.

Das Mosaik aus Teichen und Seen bietet noch anderen interessanten Wasservögeln ein Zuhause, beispielsweise bis zu 20 000 Pärchen von Trauerseeschwalben *(Chlidonias niger)* und mindestens ebenso vielen Weißbartseeschwalben (*Chlidonias hybridus*), die an der Wasseroberfläche elegant nach Insekten jagen. Zwischen den Seerosen entdeckt man nicht selten Schwarz- und Rothalstaucher *(Podiceps nigricollis* und *P. grisegena)* sowie Moorenten *(Aythya nyroca)* und Kolbenenten *(Netta rufina)*, zwei der schönsten Entenarten im Delta.

Die Vogelbeobachtung im Delta ist sicherlich eine aufregende visuelle Erfahrung; nicht minder faszinierend sind jedoch die Töne, die aus den wasserreichen Wäldern und Schilfbetten dringen. Immer hörbar sind Singvögel wie der Drosselrohrsänger *(Acrocephalus arundinaceus)*, der Sumpfrohrsänger *(Acrocephalus palustris)*, der Mariskenrohrsänger *(Acrocephalus melanopogon)*, der Feldrohrsänger *(Acrocephalus agricola)* und der Rohrschwirl *(Locustella luscinoides)* – jener meist bei Nacht. Auch die scheuen Rallen hört man eher nach Einbruch der Dunkelheit, so das Kleine Sumpfhuhn *(Porzana parva)* und das Tüpfelsumpfhuhn *(Porzana porzana)*; sehen kann man die Vögel im Dickicht der Vegetation kaum.

RECHTS Auge in Auge mit einem Krauskopfpelikan. Er gehört zur selteneren der beiden europäischen Pelikanarten; zur Brutzeit kann man ihn leicht an seinem typisch gekräuselten Kopf- und Nackengefieder erkennen.

GEGENÜBER OBEN Der wunderschöne Rallenreiher ist im Donaudelta weit verbreitet. Meist ist er allein unterwegs; am besten erhascht man einen Blick auf ihn, wenn er auf der Suche nach Nahrung am Ufer entlangwatet.

GEGENÜBER UNTEN Die Zwergdommel kommt im Delta am häufigsten vor; in den dichten Schilfbetten brüten viele Tausende von Pärchen. Da sie meist in der Dämmerung aktiv ist, sieht man sie am besten im Flug zwischen Nest und Jagdrevier.

Im Sommer kann man im Delta sicherlich die meisten verschiedenen Vogelarten sehen, der Winter birgt jedoch seine eigenen Überraschungen. Dann nämlich fallen die großen Gänseschwärme aus dem Norden ein, zu denen auch die gefährdete und immer seltenere Rothalsgans *(Branta ruficollis)* gehört; mehrere Tausend der wunderschönen Vögel verbringen den Winter hier. Dazu kommen noch zahllose Blässgänse *(Anser albifrons)* und bis zu 500 Exemplare der weltweit bedrohten Zwerggans *(Anser erythropus)*. Auch Enten gibt es reichlich, der Anblick von mehreren Hunderttausend Tafelenten *(Aythya farina)* beeindruckt besonders. Zudem ist der Winter die richtige Zeit, um Raubvögel zu beobachten: Außer dem majestätischen Seeadler *(Haliaeetus albicilla)* kann man Raufußbussarde *(Buteo lagopus)* und Sakerfalken *(Falco cherrug)* sehen.

Angesichts dieser Naturschätze ist es mehr als traurig, dass das Donaudelta einer ungewissen Zukunft entgegenblickt. Im 20. Jahrhundert hatte man viele der stromaufwärts gelegenen Feuchtgebiete eingedeicht und trockengelegt; zudem hatte die Rolle der Donau als wichtige Wasserstraße für Industrie und Handel Umweltverschmutzung und Zerstörung der Lebensräume zur Folge. Das Delta überlebte, ist trotz seines geschützten Status aber noch lange nicht in Sicherheit. Eine große Herausforderung stellt das »Bystroye-Projekt« dar, bei dem auf der ukrainischen Seite des Deltas ein Kanal durch wertvolle Vogelbrutplätze gebaut werden soll. Zur Zeit der Drucklegung dieses Buchs setzte man das Projekt trotz internationaler Proteste fort.

5. Die großen Raubtiere der Schweizer Alpen

GEGENÜBER **Auf einen Eurasischen Luchs trifft man in freier Wildbahn sehr selten. Die scheue Raubkatze hat sich in Mitteleuropa, wo sie als ausgestorben galt, inzwischen teilweise wieder angesiedelt.**

UNTEN **Das größte Raubtier Europas ist der Braunbär. In den Ländern, in denen er überlebt hat, steigt seine Zahl erfreulich. Seiner Rückkehr in einige Alpentäler begegnet man allerdings nicht überall mit Wohlwollen.**

Zu Beginn des 20. Jahrhunderts gab es zwei der großen Raubtiere Europas – den Eurasischen Luchs *(Lynx lynx)* und den Braunbär *(Ursus arctos)* – in der Schweiz nicht mehr, obwohl sie dort früher häufig vorkamen. Die durch fehlenden Lebensraum und Jagd dezimierten Arten hatten gemeinsam mit dem ebenfalls gefährdeten Wolf *(Canis lupus)* am oberen Ende der Nahrungskette gestanden. Ihr Niedergang führte zu einem Ungleichgewicht im Ökosystem und rief Umweltschützer auf den Plan, die die Öffentlichkeit über die entsprechenden Auswirkungen – etwa eine unkontrollierte Vermehrung des Wilds – in Kenntnis setzten. Eine umweltverträglichere Landwirtschaft im 20. Jahrhundert zog die Regeneration der Wälder nach sich, in denen sich, wie man hoffte, die Raubtiere nun wieder ansiedeln sollten. Dies konnte jedoch nicht ohne menschliche Hilfe geschehen; die nächste Luchspopulation beispielsweise war zu weit von den Schweizer Alpen entfernt, als dass sie von selbst hätte zurückkehren können, und die Anzahl der überlebenden Braunbären in den italienischen Alpen war zu klein.

Die Rückkehr des Luches in die Schweizer Alpen ermöglichten in den 1970er Jahren Tiere aus der damaligen Tschechoslowakei. Eine ebenfalls erfolgreiche Wiederansiedelung fand gleichzeitig im Französischen Jura und in den slowenischen Ostalpen statt. Luchse brauchen große, zusammenhängende Waldgebiete mit genügend Deckung, aus der heraus sie ihre Beute – vornehmlich Rehe *(Capreolus capreolus)* – angreifen können, und genau diese Bedingungen erfüllen die Schweizer Alpen. Leider bevölkert der Luchs weniger als zehn Prozent des geeigneten Territoriums, und auch von der Anzahl der Tiere – es gibt heute wieder rund 100 Luchse in der Schweiz – hatte man sich mehr erhofft. Die Population stagniert, was vermutlich am Missverhältnis zwischen Männchen und Weibchen liegt. Größerer Erfolg ist der Wiederansiedelung des Luchses wohl auch deshalb nicht beschieden, weil viele ländliche Gemeinden eine unüberwindliche Abscheu vor großen Raubtieren haben, die zweifelsohne von Zeit zu Zeit auch das Vieh der Bauern reißen. Die betroffenen Bauern

erhalten vom Staat zwar einen finanziellen Ausgleich, doch die Situation bleibt schwierig. Es kam vor, dass Mitarbeiter der Wiederansiedelungsprojekte von einheimischen Bauern bedroht und behindert wurden; zudem sind seit den 1970er Jahren mindestens 50 Luchse illegal getötet worden.

Ähnlich erging es den Braunbären. In den Tälern des Trentino auf der italienischen Seite der Alpen haben einige wenige Exemplare den Jagdwahn des 19. Jahrhunderts überlebt, die gesamte Population ist jedoch verschwindend klein. Um diese wieder wachsen zu lassen und auch die genetische Vielfalt zu fördern, wurden zwischen 1999 und 2002 zehn Tiere aus dem benachbarten Slowenien nach Italien gebracht. Diese vermehrten sich erfolgreich und bilden mittlerweile den Kern einer neuen Population, die sich eines Tages vielleicht wieder über die ganzen Alpen verbreitet. Geeigneten Lebensraum gibt es sicherlich genug, ebenso wie genügend »grüne Korridore«, durch die die Bären in neues Territorium auf der Schweizer Seite der Grenze gelangen können. Genau dies geschah im Sommer 2005, als ein junger männlicher Bär im südostschweizerischen Münstertal auftauchte – der erste Bär auf Schweizer Gebiet seit über 100 Jahren. Zunächst waren die Reaktionen positiv; dies änderte sich jedoch, als der Bär Schafe riss. Traurige Berühmtheit erlangte im Jahr 2006 auch »Bruno«; der ausgewachsene Braunbär aus der italienischen Population wanderte nach Österreich und anschließend nach Bayern in Deutschland, wo man seit über 150 Jahren keinen frei lebenden Braunbären mehr gesehen hatte. Nach hitzigen Debatten entschloss man sich dazu, den Bär zu töten, da er angeblich eine Bedrohung für Mensch und Vieh darstellte.

Doch es gibt auch Hoffnung. Unter dem Unwissen über Ökologie und Verhalten großer Säugetiere hatten auch Raubvögel wie der Bart- oder Lämmergeier *(Gypaetus barbatus)* zu leiden – diesen rottete man in den Alpen beinahe aus, da man glaubte, er mache Jagd auf Lämmer und sogar kleine Kinder. Heute weiß man es besser, und man kann als Ergebnis eines Wiederansiedelungsprogramms rund 100 dieser Vögel über der Region kreisen sehen. Jährlich brüten mehrere Pärchen erfolgreich und ziehen mittlerweile auch Touristen an. Umweltschutz als Wirtschaftsfaktor – in vielen Gegenden Europas hat man dieses Potenzial inzwischen erkannt. Im deutschen Harz beispielsweise wirbt man mit der wachsenden Luchspopulation für einen sanften Tourismus. Die Chancen, das scheue Tier wirklich einmal zu Gesicht zu bekommen, sind zwar gering, doch allein die Tatsache, dass das Tier in der Urlaubsregion lebt, zieht schon Besucher an.

Die großen Raubtiere kehren zurück, auch wenn die Menschen damit nicht durchweg einverstanden sind. Zu den Bären und Luchsen gesellten sich Wölfe aus frei im italienischen Apennin lebenden Rudeln. Die Umweltschützer arbeiten eng mit den regionalen Behörden zusammen, um für eine möglichst geringe Reibung zwischen den Interessen der Tiere und denen der ansässigen Bauern zu sorgen. Dazu sind möglicherweise neue – und doch althergebrachte – Methoden in der Viehhaltung vonnöten, etwa der Einsatz von Hirtenhunden, die Schafe und Kühe bewachen; auch die Einbindung der Bauern in den sanften Tourismus kann sinnvoll sein; dann haben die großen Raubtiere, die man aus sicherer Entfernung beobachten kann, lebend einen größeren »Nutzen« als tot.

UNTEN **Der Lämmergeier wurde in den Alpen erfolgreich wieder angesiedelt, die einheimische Population nimmt zu. Der Aasfresser begibt sich zu Tisch, wenn alle anderen Raubtiere sich bedient haben; seine Beute tötet er meistens nicht selbst.**

RECHTS **Das Überleben der Wölfe in den Alpen hängt stark davon ab, ob passende Beute vorhanden ist. Am häufigsten reißt der Wolf zwar Rehwild, manchmal jagt er aber auch Steinböcke *(Capra ibex)*, was angesichts des bevorzugten Lebensraums dieser Tiere eine reife Leistung ist.**

6. Spaniens Wilder Westen: Extremadura

GEGENÜBER **Der ausgewachsene Kaiseradler zeichnet sich durch die weißen Flecken am Flügelansatz aus. Er gehört zu den seltensten Raubvögeln der Welt und ernährt sich überwiegend von Wildkaninchen. Gelegentlich stehen jedoch auch Wasservögel und sogar Reptilien auf seinem Speiseplan.**

Spanien ist eines der tierreichsten Länder Europas. Dank seiner geografischen Lage und der verschiedenen Lebensräume und Mikroklimata findet sich hier eine für europäische Verhältnisse große Artenvielfalt; die relativ geringe Bevölkerungsdichte hat zudem zum Erhalt wichtiger Lebensräume beigetragen. Das trifft ganz besonders auf die Region Extremadura zu, die im äußersten Südwesten des Landes an der Grenze zu Portugal liegt. Hier entfaltet sich eine zauberhafte Landschaft mit sanften Hügeln, ausgedehntem, offenem Weideland mit Korkeichenwäldern und, im Tiefland, wüstenähnlichen Steppen. Das gesamte Gebiet ist von Flüssen und Bächen durchzogen. Von Felsvorsprüngen hat man eine atemberaubende Aussicht; Flora und Fauna sind ebenso vielfältig.

Dennoch ist dies keineswegs eine unberührte, natürliche Wildnis. Die *dehesa*, ein offenes Wald-Weide-Land, hat sich im Laufe mehrerer Jahrhunderte, wenn nicht Jahrtausende, unter Einfluss des Menschen entwickelt. Der Boden in der Extremadura ist für seine Kargheit berüchtigt; Landwirtschaft im großen Stil ist durch die dünne Schicht Muttererde und die Nährstoffarmut nicht möglich. Einzig Getreide wird im Rotationsprinzip angebaut; nach einem Jahr Ertrag liegen die Felder brach und werden als Weideland genutzt. Der Dung der Kühe, Schafe und Schweine hilft dem Boden dabei, sich zu regenerieren. In den Folgejahren lässt man die Felder zunächst verwildern; dann wird gerodet, und der Zyklus beginnt von Neuem.

OBEN **Der wunderschöne Gleitaar ist zwar erst vor relativ kurzer Zeit aus Afrika eingewandert, fühlt sich inzwischen in der Extremadura aber sehr wohl. Er nistet in Bäumen; das Nest bereitet das Weibchen aus Zweigen, die ihr das Männchen bringt.**

Das Ergebnis ist eine Landschaft, die nicht nur ästhetisch reizvoll, sondern auch reich an Pflanzen und Tieren ist. In der Extremadura gibt es generell viele Tiere, jedoch besonders viele Vögel. Mehr als 200 Arten verzeichnet man hier regelmäßig; berühmt ist die Gegend vor allem für die zahlreichen Raubvögel. Geier, Adler, Falken – alle kann man sie hier sehen. 16 Raubvogelarten insgesamt kommen in der Extremadura vor, die damit die wahrscheinlich höchste »Raubvogeldichte« ganz Europas besitzt. Insbesondere Geier und Adler beobachtet man am besten im Montfragüe-Nationalpark nördlich von Trujillo. Star der Gegend ist zweifelsohne der Kaiseradler *(Aquila adalberti)*, der regelmäßig nur in Spanien brütet und dessen Weltpopulation sich auf weniger als 200 Paare beschränkt. Darüber hinaus sind in Montfragüe vier weitere Adlerarten vertreten: Steinadler *(Aquila chrysaetos)*, Zwergadler *(Hieraaetus pennatus)*, Habichtsadler *(Hieraaetus fasciatus)* und Schlan-

UNTEN **Ein Wildblumenteppich zwischen den immergrünen Eichen des Montfragüe-Nationalparks. Das Wald-Weide-Land bietet zahlreichen Tieren einen Lebensraum und ist Hauptbestandteil des Ökosystems der Extremadura.**

Links Ein Mönchsgeierpaar in seinem Nest. Die Art ist ihren Nistplätzen sehr treu; die meisten Elternvögel halten sich das ganze Jahr über in der Nähe des Nistplatzes auf. Meist ziehen sie nur ein Junges pro Jahr auf, das erst nach mehreren Jahren ausgewachsen ist.

Gegenüber oben Ein weiteres »Highlight« der Extremadura ist der Rötelfalke *(Falco naumanni)*; der Zugvogel überwintert in Schwarzafrika. Die Paare (das Männchen sieht man rechts) bauen ihre Nester meist in Scheunen und Nebengebäuden.

Gegenüber unten Schafe auf einer Weide im Montfragüe-Nationalpark. Viehhaltung ist für die Extremadura extrem wichtig, die Tiere halten die steppenähnlichen Ebenen offen. Ohne sie würde das Land schnell verwildern und von Gebüsch und schließlich Waldland bedeckt sein.

genadler *(Circaetus gallicus)*. Mit etwas Glück kann man sie alle an einem einzigen Tag sehen – manchmal sogar alle gleichzeitig in der Luft!

Natürlich ist es nicht einfach, die verschiedenen Adlerarten auseinanderzuhalten; meist sind sie wenig mehr als kleine Punkte am Himmel. Etwas leichter tut man sich mit den Geiern, die mit drei Arten hier vertreten sind. Am wichtigsten – global gesehen – ist der Mönchsgeier *(Aegypius monachus)*, der größte Raubvogel Eurasiens, der außerhalb Spaniens allerdings um sein Überleben kämpft; dort ist der Großteil der europäischen Population von geschätzten 1500 Paaren zu finden. Weiter verbreitet ist der Gänsegeier *(Gyps fulvus)*, auch der Schmutzgeier *(Neophron percnopterus)* ist recht zahlreich vertreten.

Der berühmte Felsen Peñafalcon oder Salto del Gitano im Montfragüe-Nationalpark stellt einen der besten Standorte dar, um die außergewöhnlichen Vögel zu beobachten. Auf den Klippen nistet eine große Kolonie Gänsegeier (im ganzen Park gibt es über 400 Paare), meist sind fast alle Elternvögel in der Luft. Die Mönchsgeier brüten hier allerdings nicht; sie bauen ihre riesigen Nester in den Kronen der Eichen. Dass sich die Gegend einer so gesunden Geierpopulation erfreut, hängt nicht zuletzt mit dem Vorhandensein von Vieh und Wild zusammen. Deren Kadaver bieten den Aasfressern eine reiche Nahrungsquelle und dem Besucher die einmalige Gelegenheit, den mächtigen Raubvogel einmal ganz aus der Nähe zu betrachten.

Einer der schönsten Vögel, die man in der Extremadura sehen kann, lebt noch gar nicht so lange in der Gegend. Der Gleitaar *(Elanus caeruleus)* stammt ursprünglich aus Afrika; vor allem in der Savanne Ostafrikas sieht man ihn häufig. Im Süden Spaniens wurde der Vogel erstmals in den 1970er Jahren gesichtet; die Art hat sich in den flachen Ebenen dieses Teils des Landes ausgezeichnet entwickelt. Meist sieht man den Gleitaar an höher gelegenen Standorten, von wo aus er den Boden nach Reptilien oder Nagetieren absucht, oder im eleganten Gleitflug nahe über der Erde, die Flügel zu einem weiten V geformt.

Die offenen Flächen der Extremadura sind auch die Heimat der Großtrappe *(Otis tarda)*; der schwerste Flugvogel Europas hat hier in einer relativ großen Population überlebt, andernorts wurde er durch Jagd und moderne Landwirtschaft beinahe ausgerottet. Der scheue und immer wachsame Vogel bietet einen geradezu majestätischen Anblick, wenn er über die Ebenen stolziert. Den Großteil des Jahres halten sich die Männchen und Weibchen in getrennten Gruppen auf; nur zur Paarungszeit suchen die geschlechtsreifen Männchen ihre potenziellen Partnerinnen auf, um die sie mit einem aufwendigen Balztanz werben: Sie stellen ihr Gefieder auf und wirken so wie ein riesiger weißer Pompon. Das faszinierende Schauspiel ist einer der Höhepunkte, die den Besucher im Frühling in der Extremadura erwarten.

Unten Eine männliche Großtrappe mit Imponiergehabe. Die europaweit größte Population dieser Art befindet sich in Spanien; sie braucht von Menschen nicht genutztes, weites Grasland, um nisten zu können.

7. Schwimmvögel am Myvatn-See

Oben **Der Myvatn-See breitet sich vor einer spektakulären Landschaftskulisse aus. Haben sich Schnee und Eis im Frühjahr zurückgezogen, zieht der See die zahlreichen Schwimmvögel an, für die er berühmt ist. Neben vielen Entenarten gibt es im umliegenden Moor unzählige weitere Vögel.**

Der Hauptgrund für einen Besuch am Myvatn-See im Norden Islands sind neben der spektakulären Landschaft die zahlreichen nistenden Enten. Nirgendwo sonst in Europa gibt es so viele – die 10 000 Paare verteilen sich auf 15 verschiedene Arten. Sieht man sie alle zusammen, ist dies ein atemberaubender Anblick; doch insbesondere zwei Arten lassen das Herz jedes Naturliebhabers höher schlagen: Spatelente *(Bucephala islandica)* und Kragenente *(Histrionicus histrionicus)*. Die exotischen Vögel bekommt man sonst nur in ornithologischen Lehrbüchern zu Gesicht – doch am Myvatn-See kann man sie seelenruhig auf dem Wasser schwimmen oder – im Fall der Kragenente – auf den Felsen rund um den See sitzen sehen. Beide Arten sind eigentlich auf Nordamerika beschränkt; Island ist gewissermaßen ihr europäischer Außenposten. Die Spatelente nistet an keinem anderen Ort in Europa, die Kragenente findet sich nur auf Island und im südlichen Grönland.

Der 37 Quadratkilometer große See wird von mineralreichen Quellen, nicht von einem Fluss gespeist; das Umfeld bestimmen Berge, verfestigte Lavaströme, Geysire und blubbernde Schlammlöcher. *Myvatn* bedeutet Mückensee – und wer ihm im Sommer einen Besuch abstattet, weiß schnell, woher der Name kommt: Dann wimmeln die Ufer von Zuckmücken. Doch getreu dem Motto »Des einen Leid, des andern Freud« ist genau das der Grund, warum so viele Vögel zum Brüten hierherkommen: Die Millionen von Insekten und Insektenlarven, die im nährstoffreichen Schlamm am Boden des Sees leben, stellen nicht nur für die jungen Enten, sondern auch für andere Vögel wie beispielsweise Watvögel eine wichtige Nahrungsquelle dar.

Vor allem im Frühjahr und Sommer kann man am Myvatn-See unzählige Schwimmvögel beobachten. Am größten ist der Singschwan *(Cygnus cygnus)*, dicht gefolgt von der Kurzschnabelgans *(Anser brachyrhynchus)*, die in der Nähe des Sees nistet. Darüber hinaus sind auch zahlreiche verschiedene Enten vertreten. Mitten auf dem See taucht u. a. die Reiherente *(Aythya fuligula)* nach Nahrung; sie ist die am Myvatn-See am häufigsten vorkommende Art. Ebenfalls

Rechts Eine männliche Spatelente. Island stellt gewissermaßen den europäischen Außenposten dieser Art dar; im Spätsommer versammelt sich fast die gesamte männliche Population der Insel am Myvatn-See zur Mauserung. Der isländische Name *húsönd* (»Hausente«) bezieht sich auf die Angewohnheit des Tiers, in Mauerlöchern zu nisten.

Rechts Ein ausgewachsener Ohrentaucher mit vollem Brutgefieder. Viele Paare dieser Art nisten am Myvatn-See, meist auf kleineren Teichen um den Hauptsee herum. Ohrentaucher gibt es auch im nördlichen Eurasien und in Nordamerika; dort ist die Art als »Horned Grebe« bekannt.

LINKS Männliche Kragenente in typischer Umgebung. Den Winter verbringt die Kragenente auf dem Meer, im Frühjahr und Sommer bevorzugt sie schnell fließende Gewässer und kann am besten in der Nähe von Wasserfällen und Stromschnellen beobachtet werden. Die weiblichen Vögel erkennt man an ihrem dunkelbraunen Gefieder und der weißen Markierung am Kopf.

in der Mitte des Sees zu sehen sind Trauerente *(Melanitta nigraa)*, Bergente *(Aythya marila)* und Mittelsäger *(Mergus serrator)*, wohingegen sich die gründelnden Arten wie Krickente *(Anas crecca)*, Pfeifente *(Anas penelope)*, Spießente *(Anas acuta)*, Stockente *(Anas platyrhynchos)* und Schnatterente *(Anas streperaa)* näher am Ufer und um die rund 50 kleinen Inseln im See aufhalten. Der Myvatn-See ist mit durchschnittlich 2,5 Metern Tiefe relativ flach; die meisten Schwimmvögel sind deshalb über den ganzen See verteilt.

Einer der besten Vogelbeobachtungsposten am See befindet sich im Norden, wo der Fluss Laxa, der den Myvatn-See mit dem Meer verbindet und sich am See in drei Arme aufteilt, durch eine Reihe von Wasserfällen und kleineren Teichen fließt. Wer sich auf der Brücke über dem Fluss postiert, hat die besten Chancen, Kragen- und Spatelenten zu sehen; Erstere wagen sich selten auf den offenen See hinaus. Auch andere Entenarten bevorzugen die kleineren »Kraterseen« der Umgebung, unter ihnen die Eisente *(Clangula hyemalis)*, einer der erstaunlichsten Schwimmvögel überhaupt. Ein ähnlich prachtvolles Brutgefieder wie diese weisen auch der Ohrentaucher *(Podiceps auritus)* und das zierliche Odinshühnchen *(Phalaropus lobatus)* auf, die man oft beim »Tanz« auf dem See beobachten kann, mit dem sie Insekten aufwirbeln, um sie anschließend in atemberaubender Geschwindigkeit zu vertilgen.

Die beste Zeit für einen Besuch am Myvatn-See ist Ende Juni bis Anfang Juli. Dann kann man Tausende von jungen Enten sehen, die auf dem See umherschwimmen, fürsorglich eskortiert von ihren Eltern. Auch die umgebenden Weiden und Moore kann man zu dieser Zeit bestens erkunden; dort brüten Watvögel wie etwa der Regenbrachvogel *(Numenius phaeopus)* sowie typisch isländische Landvögel wie das Alpenschneehuhn *(Lagopus mutus)* und die Schneeammer *(Plectrophenax nivalis)*. Der Winter am Myvatn-See ist eher düster, zwischen November und März – manchmal auch länger – bedeckt Schnee das Land. Ganz friert der See jedoch nicht zu; einige Vögel, darunter auch die Spatelente, überwintern hier. Sie tun sich zwischen dem Eis zu kleinen Grüppchen zusammen und ziehen nur unter den allerhärtesten Wetterbedingungen in wärmere Gefilde.

LINKS **Auch die größte Falkenart der Welt, den Gerfalken *(Falco rusticolus)*, kann man regelmäßig am Myvatn-See sehen. Der eindrucksvolle Raubvogel fliegt spektakuläre Attacken auf die Enten – vor allem im Sommer, wenn die Jungvögel gefüttert werden.**

AFRIKA

Afrika ist der Kontinent, den wohl die meisten Menschen mit dem Wort »Safari« assoziieren. Das Wort selbst stammt aus dem Kiswahili und bedeutet Reise – wobei nicht unbedingt eine Reise zu Tieren gemeint sein muss. Im 19. Jahrhundert verstand man darunter die Jagd auf große Tiere, insbesondere in Ostafrika; erst nach dem Zweiten Weltkrieg verlor die Safari ihre blutige Dimension und wurde mit Tierbeobachtung gleichgesetzt. Doch zu dieser Zeit gab es schon fast keine großen Herden mehr, die ersten Umweltschutzbewegungen entstanden. Heute machen Tausende von Besuchern in Ostafrika wieder Jagd auf Tiere – glücklicherweise nur mit der Kamera. Die beliebtesten Reiseziele sind die großen Nationalparks von Kenia und Tansania; doch auch andernorts kann man faszinierende Tiere in einer nicht minder faszinierenden Landschaft sehen: die Wüstennashörner von Namibia etwa, die Lemuren von Madagaskar oder die Gorillas in Gabun und Uganda. Ein mit viel Umsicht geführter Naturtourismus bietet vielen afrikanischen Dörfern eine hoffnungsvolle Zukunftsperspektive – ebenso wie den Tieren, die allerdings nach wie vor stark gefährdet sind.

UNTEN **Vor der rosafarbenen Kulisse eines Flamingoschwarms besucht ein Zebra ein Wasserloch im Ngorongoro-Krater. Hier erwartet den Naturfreund eine atemberaubende Landschaft sowie eine Vielzahl an leicht zu beobachtenden Tieren.**

8. Die Schimpansen von Mahale

Ausgesprochen idyllisch liegt der Mahale-Mountains-Nationalpark am Ufer des Tanganjikasees, des tiefsten Sees Afrikas und des längsten Sees der Welt. Der Park befindet sich im Herzen des Kontinents nur 100 Kilometer von der Stelle entfernt, an der 1871 die legendäre Begegnung zwischen Henry Morton Stanley und David Livingstone stattfand. Das Gebiet ist noch heute sehr abgelegen, hier kann man noch viel ursprünglichere Erfahrungen machen als auf den traditionellen Safari-Routen in Ostafrika. So gibt es keine Zufahrtsstraße zum Park; die meisten Besucher reisen per Boot an und übernachten in einem der Camps am Ufer vor einer spektakulären Wald- und Bergkulisse. Schon vom Boot aus ist es möglich, die berühmtesten Einwohner Mahales zu hören – die Schimpansen *(Pan troglodytes)*.

In Tansania hat die Schimpansenforschung eine lange Tradition. Seit über 40 Jahren untersuchen und beobachten die beiden ältesten Feldforschungszentren der Welt die bemerkenswerten Tiere; ein Zentrum befindet sich in Mahale selbst – dieses wurde von der Universität von Kyoto gegründet –, das andere in der Nähe von Gombe – dort begann die Primatologin Jane Goodall 1960 ihre Arbeit. Der nur 52 Quadratkilometer große Gombe-Stream-Nationalpark liegt nördlich von Mahale; auf drei Seiten ist er von Äckern umgeben, die vierte grenzt an einen See. Die dort lebenden Schimpansen haben es mittlerweile zu Weltruhm gebracht. Einige sind regelrechte »Veteranen«; Fifi beispielsweise, eine der ältesten Matriarchinnen der Gruppe, kannte Goodall noch aus ihrer Anfangszeit in Gombe, als die Schimpansin gerade einmal drei Jahre alt war.

Da es etwas abgeschiedener liegt, erhielt Mahale nicht so viel Aufmerksamkeit wie Gombe – hatte allerdings auch nicht mit dessen Problemen, etwa der zunehmenden Landwirtschaft und Wilderern, zu kämpfen. Zudem ist Mahale viel größer (1600 Quadratkilometer), verfügt also über vielfältigere Lebensräume und größere Tierpopulationen. Die steilen Berghänge sind von dichten Wäldern bedeckt, auf den Gipfeln finden sich Bambusdickichte und offenes Grasland. In den Wäldern sind zahlreiche Vogel- sowie mehrere Affenarten vertreten, darunter Diademmeerkatzen *(Cercopithecus mitis)*, Rote Stummelaffen *(Procolobus badius)* und Rotschwanzmeerkatzen *(Cercopithecus ascanius)*. Auch Huftiere wie Blauducker *(Cephalophus monticola)* und Buschböcke *(Tragelaphus scriptuss)* gibt es hier. Im Süden des Parks leben weitere Antilopenarten; dort geht die

Oben **Die Schimpansen von Mahale gehören zu den am besten erforschten der Welt; eine Begegnung mit den faszinierenden Tieren ist hier fast garantiert.**

Rechts **Der Mahale-Nationalpark erfreut sich einer erstklassigen Lage am Ostufer des Tanganjikasees. Die Wälder, die die Berghänge bedecken, sind reich an Flora und Fauna.**

Unten **Schimpansen nehmen viel und abwechslungsreiche Nahrung zu sich. Manchmal kann man sie beim Experimentieren beobachten: Sie kosten dann erst von der Nahrung, ähnlich wie wir Menschen es auch tun würden.**

Landschaft in Ebenen über, die von Miombo-Baumsavannen überzogen sind. Löwen *(Panthera leo)* wurden hier ebenfalls beobachtet.

Die Hauptattraktion von Mahale sind jedoch die Schimpansen. Rund 700 dieser Tiere leben im Park, in schätzungsweise 14 einzelnen Gruppen. Eine dieser Gruppen – die Mimikire- oder »M«-Gruppe – ist an Menschen gewöhnt; d. h., die Mitglieder der Gruppe tolerieren es, aus nächster Nähe beobachtet zu werden. Sie umfasst etwa 60 Einzeltiere, die von einem Alpha-Männchen geführt werden; zurzeit ist dies Alofu. In der Gruppe bestehen Bindungen, Verantwortlichkeiten und Spannungen, wie sie auch für eine Menschenfamilie typisch wären. Was die Mitglieder der Gruppe tun, hängt immer von der Gruppenhierarchie ab – Rangkämpfe sind an der Tagesordnung. Das Alpha-Männchen bestimmt den Weg durch den Wald, wann gerastet wird, was gefressen wird, wo geschlafen wird. Es bestimmt auch, wer sich mit wem paaren darf – was endlose Rangstreitigkeiten zur Folge hat und über Einzelschicksale entscheidet.

Innerhalb der Grenzen des Parks darf man sich nur zu Fuß fortbewegen. Ausgebildete Führer begleiten Besucher morgens zu den Stellen, an denen man die Schimpansen beobachten kann, ohne sie zu stören. Weiter als bis auf zehn Meter darf man sich den Tieren nicht nähern; dies stellt auch sicher, dass sich die Schimpansen so natürlich wie möglich verhalten. Den Großteil des Tages verbringen sie mit Fressen – und damit, die Feinheiten der Gruppenetikette zu wahren. Die recht lauten Tiere verständigen sich untereinander unablässig durch Geräusche; sie schreien, kreischen und grunzen, und vor allem die Männchen kämpfen ständig um Aufmerksamkeit und ihre Position innerhalb der Rangordnung. Manchmal kann man die Schimpansen sogar dabei beobachten, wie sie ihre Beute, etwa Rote Stummelaffen, jagen und töten. Eine schockierende Erfahrung, macht man sich meist doch nicht klar, dass Schimpansen Allesfresser sind und Fleisch an bevorzugter Stelle ihres Speiseplans steht. Zudem sind sie große Opportunisten und ergreifen jede sich bietende Gelegenheit, Abwechslung in die tägliche Ernährung zu bringen.

Schimpansen haben nur wenige natürliche Feinde. Manchmal erbeuten ein Löwe oder ein Leopard *(Panthera pardus)* einen Schimpansen, doch auch von umgekehrten Fällen – ein Leopard wird von einer Gruppe Schimpansen getötet – wurde berichtet. Die größte Bedrohung für die Tiere geht von ihrem nächsten Verwandten aus: dem Menschen. Rund 98 Prozent ihrer Gene teilen die Schimpansen mit uns; damit sind sie auch für fast alle unserer Viren und Krankheiten anfällig. Eine natürliche Immunabwehr gegen vom Menschen übertragene Erreger haben sie nicht; so kann schon eine ganz normale Erkältung lebensbedrohlich werden. 2006 kam es in Mahale zu einer ansteckenden Lungenentzündung, die zum Tod mehrerer Mitglieder der »M«-Gruppe führte. Wieder einmal zeigte sich, wie wichtig es ist, einen Sicherheitsabstand zwischen Menschen und Tieren einzuhalten. Er schützt die Schimpansen, schmälert das Vergnügen jedoch nicht, die beeindruckenden Tiere in ihrer natürlichen Umgebung zu beobachten.

Gegenüber **Schimpansen sind tagaktiv. Die Nacht verbringen sie auf Bäumen, in Nestern aus Zweigen, Ranken und Blättern.**

Rechts **Junge Schimpansen sind sehr verspielt. Im Spiel eignen sie sich soziale Fähigkeiten an, die sie als ausgewachsene Tiere brauchen.**

9. Serengeti: große Herden und einsame Jäger

Das ganze Ausmaß der Serengeti kann man nur schwer erfassen, selbst wenn man direkt vor Ort ist. Alles ist zutiefst beeindruckend: die riesigen Zebra- und Gnuherden; die zufällige Begegnung mit einem einsamen Geparden, der auf einem kleinen Hügel (Kopje) döst; Mungos, die einander spielerisch über die weiten Ebenen jagen. Nur wenige andere Orte in Afrika können sich einer so großen Vielfalt an Tieren rühmen. Und als sei das noch nicht Grund genug für einen Besuch, sucht auch die Landschaft hier ihresgleichen: rund 14 500 Quadratkilometer scheinbar endloser Savanne, sanfte Hügel, Waldland und Felsvorsprünge. Für viele Menschen ist die Serengeti gleichbedeutend mit dem »echten« Afrika.

Der Nationalpark wurde 1951 gegründet und ist damit der älteste von Tansania – und einer der letzten Orte auf der Welt, wo man noch so viele große in freier Wildbahn lebende Tiere sehen kann, deren Verhalten sich seit Tausenden von Jahren nicht verändert hat. Menschliche Eingriffe beschränken sich auf ein Minimum, und so kann man beispielsweise die jährlichen Wanderungen der Weißbartgnus *(Connochaetes taurinus mearnsi)* und anderer Huftiere mitverfolgen, bei denen rund 1,5 Millionen Tiere eine Strecke von 3200 Kilometern zurücklegen. Dieses eindrucksvolle Schauspiel ist jedoch nur ein Aspekt dieses bemerkenswerten Fleckchens Erde. In der Serengeti gibt es auch die meisten Fleisch fressenden Tiere des Kontinents, so etwa Löwen *(Panthera leo)*, Leoparden *(Panthera pardus)* und Geparden *(Acinonyx jubatus)*. Die Populationen der Tüpfelhyäne *(Crocuta crocuta)*, des Afrikanischen Elefanten *(Loxodonta africana)* und der Giraffe *(Giraffa camelopardalis)* können sich ebenfalls sehen lassen – Letztere ist vielleicht das typischste Tier der akazienbestandenen Ebenen.

Doch auch hier kann man Pech haben: Manchmal bekommt man auf stundenlangen Fahrten kein einziges Tier zu Gesicht, und wenige Wochen später wimmelt es an denselben Stellen dann

Links **Die Savanne in der Serengeti bildet nicht nur eine atemberaubende Landschaftskulisse, sie bietet auch unzähligen Tieren einen Lebensraum. Zu den eindrucksvollsten Naturschauspielen gehören die jährlichen Wanderungen der Weißbartgnus.**

Oben **Ein Löwe reißt ein Gnu. Löwen lauern ihrer Beute auf und greifen aus nächster Nähe an. Meist töten sie ihr Opfer durch einen Biss ins Genick oder in die Kehle. Sie wagen sich auch an sehr große Beutetiere heran, etwa an Afrikanische Büffel oder sogar junge Elefanten.**

LINKS **War der Leopard bei der Jagd erfolgreich, schleppt er die Beute auf einen Baum, wo sie vor Löwen und Tüpfelhyänen sicher ist. Leoparden jagen meist alleine; da sie nachtaktiv sind, bekommt man sie weniger häufig zu Gesicht als andere Großkatzen.**

GEGENÜBER **Geparden gehen tagsüber auf Jagd. Die Tiere sind zwar unglaublich schnell, verfügen jedoch nur über eine begrenzte Ausdauer und verfolgen ihre Beute lediglich über eine Distanz von etwa 400 Metern. Da sie zu Überhitzung neigen, vermeiden sie es, mittags zu jagen.**

wieder vor Tieren. Dies hängt – wie im übrigen Afrika auch – vor allem mit dem Niederschlag zusammen. In der Serengeti gibt es zwei Regenzeiten; den meisten Niederschlag verzeichnet man im April und Mai, die Regenzeit zwischen Oktober und Dezember fällt etwas schwächer aus. Es kann jedoch das ganze Jahr über regnen, und umgekehrt ist es auch möglich, dass es fast ein Jahr lang trocken bleibt. Wo man also die meisten Huftiere auf der Suche nach frischen Weiden findet, hängt entscheidend von der örtlich variierenden Niederschlagsmenge ab.

Mit Beginn der Herbstregenzeit begeben sich vor allem die Gnus auf ihre große jährliche Wanderung. Sie werden von rund 200 000 Thomson- und Grant-Gazellen *(Gazella thomsonii* und *G. granti)* sowie Steppenzebras *(Equus quagga)* begleitet. Die Tiere bewegen sich auf einer Route im Uhrzeigersinn durch die Ökosysteme der Serengeti und Masai Mara, wobei sie die Grenze zwischen Kenia und Tansania zweimal überqueren. Die Suche nach frischen Weiden und Wasser führt sie vom kenianischen Naturschutzgebiet der Masai Mara zunächst nach Süden über den Mara-Fluss bis in die südlichste Ecke der Serengeti, wo sich die Herden die ersten drei Monate des Jahres aufhalten. Hier bringen die weiblichen Gnus ihre Kälber zur Welt – 400 000 pro Saison. Sind Weiden und Wasservorräte erschöpft – was meist gegen Ende Mai der Fall ist –, ziehen die Herden wieder nach Norden, dieses Mal durch den westlichen Korridor des Serengeti-Ökosystems. Nun paaren sich die Tiere; die Bullen müssen rund eine halbe Million Weibchen decken.

Im Juli wandern die Herden nach Norden in Richtung kenianische Grenze. Dabei müssen sie den Grumeti- und – erneut – den Mara-Fluss überqueren. Beide Flüsse sind aufgrund der dort lebenden Nilkrokodile *(Crocodylus niloticus)* berüchtigt – am Grumeti gibt es einige der größten Exemplare in ganz Afrika. Nicht weniger gefährlich für die wandernden Tiere sind die Stromschnellen des Mara-Flusses. Dennoch stürzen sich die Gnus unbeirrt in die Fluten; die Szene ist aus zahlreichen Tierfilmen bekannt. Ein Teil der Herde fällt den Krokodilen zum Opfer, die aus dem Wasser springen und die Gnus an der Schnauze packen oder sie einfach mit unter Wasser ziehen. Der Großteil der Gnuherde überquert den Fluss jedoch erfolgreich und wandert am anderen Ufer weiter in Richtung der grünen Weiden der Masai Mara. Dort bleiben die Tiere, bis es Zeit ist, sich gegen Ende des Jahres von Neuem auf Wanderschaft zu begeben.

Begleitet werden die Herden auch von Großkatzen: von Löwen, Leoparden und Geparden. Nicht alle folgen den Herden, da ihnen mit den sesshafteren Populationen von Gazellen, Zebras und Afrikanischen Büffeln *(Cyncerus caffer)* ebenfalls Nahrung zur Verfügung steht; in den Gegenden, in denen sich die meisten wandernden Tiere befinden, sind jedoch unweigerlich auch die meisten Raubkatzen anzutreffen. Löwenrudel sind fast überall in der Serengeti zu finden, am häufigsten kommen sie jedoch in Feuchtgebieten vor, wo sie des Nachts Jagd auf Büffel und Zebras machen. Leoparden schließen sich fast nie zu Rudeln zusammen und jagen meist an Wasserläufen wie etwa am Mara-Fluss; dies macht die Flussüberquerung für die Gnuherden noch gefährlicher. Geparden trifft man dagegen mehr in den Ebenen an; sie setzen auf kurze und schnelle Sprints, um ihre Beute – Gazellen oder Impalas *(Aepyceros melampus)* – zu jagen. Eine Raubkatze bei der Jagd zu beobachten, ist ein atemberaubendes Erlebnis; noch beeindruckender sind allerdings die Wanderungen der großen Herden. Beinahe unglaublich ist, dass die Anzahl der Tiere trotz der ständig lauernden Gefahren dabei mehr oder weniger konstant bleibt.

VORHERGEHENDE DOPPELSEITE **Bei ihren Wanderungen Flüsse zu durchqueren, ist für die Tiere ein gefährliches Unterfangen. Viele fallen der Strömung oder Krokodilen zum Opfer. Die Mehrzahl gelangt jedoch unbeschadet ans andere Ufer und kann die Suche nach frischen Weiden fortsetzen.**

LINKS **Dieser nur auf Madagaskar vorkommende Vogel, die Langschwanz-Erdracke, ist nachts am aktivsten. Nur einheimischen Führern gelingt es, diese Art sowie ein weiteres Highlight, die Monias-Stelzenralle, aufzustöbern.**

10. Der »Dornenwald« von Madagaskar

Madagaskar ist ein Biotop von biologischer Einzigartigkeit. Die viertgrößte Insel der Welt liegt zwar vor der Küste Afrikas, ist aber eigentlich nicht »typisch afrikanisch«. Die Tiere leben dort schon so lange vom Festland getrennt, dass sie sich in viele verschiedene Richtungen entwickeln konnten. Die meisten der auf Madagaskar heimischen Arten kommen nur dort vor; das betrifft – die eingeführten Arten ausgenommen – mehr als 50 Prozent der Vögel, 80 Prozent der einheimischen Pflanzen, 90 Prozent der Reptilien und alle Säugetiere der Insel, darunter auch die berühmten Lemuren. Auch die Menschen, die auf Madagaskar leben, stammen größtenteils nicht aus Afrika; die meisten haben indonesische Wurzeln, die rund 1500 Jahre zurückreichen. Als die ersten Menschen auf die Insel kamen, war sie noch von heute ausgestorbenen gorillagroßen Lemuren und sogenannten Elefantenvögeln (*Aepyornis* sp.) bewohnt, die bis zu drei Meter groß werden konnten.

Das Naturforscherparadies sieht sich heute allerdings auch mit drängenden Fragen des Umweltschutzes konfrontiert. Die große Bevölkerungsdichte und die bittere Armut kosteten die Insel mehr als 80 Prozent ihrer ursprünglichen Wälder, vornehmlich in den letzten Jahrzehnten. Riesige Waldflächen wurden gerodet, um Platz für landwirtschaftliche Nutzung zu schaffen, die übrigen Bäume werden in rasendem Tempo zur Gewinnung von Feuerholz und Holzkohle gefällt. Auf der ganzen Insel sieht man die katastrophalen Folgen der Bodenerosion; vom Weltall aus wirkt Madagaskar, als ob es »langsam verblute«, wie Astronauten einmal bemerkten: Ständig wird die lockere rote Erde von höherem Terrain ins Meer gespült, wo sie die küstennahen Gewässer rotbraun färbt.

Die Wälder der Insel zeugen von der außerordentlichen Vielfalt von Madagaskars Klima und Landschaft und lassen sich grob in drei Kategorien einteilen. Im feuchteren Norden und Osten befindet sich tropischer Regenwald, der Westteil der Insel ist von Laubwäldern bedeckt und der aride Süden und Südwesten von dem bemerkenswerten »Dornenwald«. Dieses einzigartige Biotop erstreckt sich über rund 14 000 bis 16 000 Quadratkilometer und gehört zu den wichtigsten Ökosystemen Madagaskars. Hier leben und gedeihen unzählige Säugetiere, Vögel, Pflanzen und Reptilien. In diesem trockensten Teil der Insel fallen jährlich kaum mehr als 400 Millimeter Niederschlag, manchmal bleibt der Regen ganz aus. Die Anpassung an lange Dürreperioden ist deshalb überlebenswichtig, die regionale Flora besteht überwiegend aus dornenbewehrten Sträuchern und Bäumen. Über 90 Prozent aller Pflanzenarten der Gegend sind endemisch.

Auf den ersten Blick ähnelt der »Dornenwald« den Wüsten im Südwesten der USA, bei näherer Betrachtung stellt sich jedoch heraus, dass die vorherrschenden Pflanzen alle einer endemischen Familie, den *Didiereaceae*, angehören, die mit den Hauptgattungen *Alluaudia* und *Didierea* vertreten ist. Die holzigen Pflanzen werfen ihre kleinen Blätter zu Beginn der Trockenzeit ab; viele Arten der Gattungen verfügen über schlanke, spitz zulaufende Zweige, die mit Dornen übersät sind. Besonders beeindruckend sind *Alluaudia procera*, eine der stacheligsten Arten, und *Alluaudia ascendens*, die eine Höhe von bis zu 15 Metern erreicht. Ebenfalls charakteristisch für den »Dornenwald« ist der erstaunliche Oktopusbaum *Didierea madagascariensis*; darüber hinaus gibt es zahlreiche immergrüne und Laub abwerfende Sukkulenten sowie Bäume, die in

OBEN **Die Madagaskarpalme *(Pachypodium lamerei)* ist typisch für den »Dornenwald«; der wasserspeichernde Stamm ist mit Dornen übersät.**

GEGENÜBER **Die Zweige des Oktopusbaums *Didierea trolli* bilden ein Labyrinth stacheliger Tentakel. Erstaunlicherweise lassen sich einige Lemurenarten dennoch nicht davon abhalten, an ihnen emporzuklettern.**

OBEN **Der Katta, eine der auffälligsten Lemurenarten, ist tagaktiv und relativ häufig zu sehen. Der charakteristische Schwanz spielt sowohl bei Revierkämpfen als auch beim Paarungsverhalten eine Rolle – das Männchen tränkt ihn mit einem Drüsensekret und vertreibt damit potenzielle Rivalen.**

GEGENÜBER **Den Namen »Sifaka« verdankt das Tier seinem Warnschrei: »Shifakh!« Es gehört zu den wenigen Säugetieren, die sich im »Dornenwald« ganz zu Hause fühlen; beim Sprung von Dornenast zu Dornenast scheint es sich seine Pfoten nicht zu verletzen.**

ihrem aufgeblähten Stamm riesige Mengen Wasser speichern können, wie etwa der Affenbrotbaum und einige Arten der Gattung *Pachypodium*.

Auch die Fauna des »Dornenwalds« ist herausragend; wie andernorts auf der Insel sind die meisten Arten in der Gegend endemisch. Mehrere seltene Vogelarten beschränken sich auf dieses Ökosystem, darunter der Breitschopf-Seidenkuckuck *(Coua verreauxi)*, die Langschwanz-Erdracke *(Uratelornis chimaera)* und die Monias-Stelzenralle *(Monias benschi)*; die beiden letztgenannten Arten kommen gar nur an einem schmalen Küstenstreifen nördlich von Toliara (Tuléar) vor. In Begeisterungsstürme verfallen Tierliebhaber auch angesichts der Strahlenschildkröte *(Geochelone radiata)*, einer der schönsten Schildkrötenarten überhaupt. Ganz oben auf der Wunschliste der »Dornenwald«-Besucher stehen aber wahrscheinlich die hier lebenden Lemuren, vor allem der Larvensifaka *(Propithecus verreauxi)* und der Katta *(Lemur catta)*. Am zuverlässigsten bekommt man beide Arten im Naturschutzgebiet bei Berenty zu Gesicht. Kattas findet man sowohl am Boden als auch in den Bäumen; meist kann man sie aus nächster Nähe beobachten. Die Sifakas bevorzugen die Bäume und sind oft auch scheuer als Kattas. Sieht man sie jedoch einmal auf dem Erdboden, ist dies ein einzigartiges – und wirklich lustiges – Schauspiel: Sie bewegen sich in seitlichen Sprüngen mit erhobenen Armen und geschlossenen Beinen fort.

Wie sieht nun die Zukunft des »Dornenwalds« und der Tiere auf Madagaskar aus? Die Zerstörung der Lebensräume schreitet fort, da viele Einheimische auf natürliche Ressourcen angewiesen sind. Einige Bereiche des »Dornenwalds« sind inzwischen vollständig gerodet; dort werden nun Mais und Sisal angebaut. Besucht man einen Teil des »Dornenwalds«, der in der Nähe menschlicher Siedlungen liegt, hört man unweigerlich auch das ernüchternde Geräusch von Bäumen, die gefällt werden – und dies wird sich wohl so lange auch nicht ändern, bis den Einheimischen realistische Alternativen zur Verfügung stehen. Umweltschutz hat dann bessere Aussichten auf Erfolg, wenn er an eine angemessene wirtschaftliche Entwicklung gekoppelt ist; so sind Initiativen wie der Ökotourismus sinnvoll, da er den Einheimischen den Lebensunterhalt sichert und dafür sorgt, dass der Wald in einem umweltverträglichen Maße abgeholzt wird.

11. Eine Zukunft für den Meru-Nationalpark

In den 1970er Jahren gehörte Meru zu den Vorzeige-Nationalparks Kenias, der nicht nur durch sein reiches Tierleben, sondern auch durch die zeitlose Schönheit der ostafrikanischen Landschaft glänzte. Die Artenvielfalt im Park erlangte nicht zuletzt durch die Arbeit von Joy und George Adamson Weltruhm, die 1958 nach Meru kamen und die verwaiste Löwin Elsa erfolgreich wieder auswilderten. Der nachfolgende Film zog einen wahren Touristenboom nach sich – jährlich strömten rund 40 000 Besucher nach Kenia, um die vielen Tiere zu sehen, insbesondere die Afrikanischen Elefanten *(Loxodonta africana)*, die zahlreichen Spitzmaulnashörner *(Diceros bicornis)* und die Löwenrudel *(Panthera leo)*.

In den späten 1970er und 1980er Jahren war Meru jedoch wiederholt Banden von Wilderern und Angriffen somalischer Guerillas, sogenannter *shifta*, ausgesetzt, die mit ihren halbautomatischen Waffen Angst und Schrecken verbreiteten. Die Parkwächter waren machtlos, die Zahl der Tiere sank unaufhörlich. Die Elefantenpopulation brach ganz zusammen, auch Nashörner gab es bald keine mehr. Zu einer Tragödie kam es 1988, als mehrere gefangene Breitmaulnashörner *(Ceratotherium simum)* abgeschlachtet wurden, die man aus Südafrika nach Meru gebracht hatte, um die Population zu retten. Einige der Ranger, die die Tiere rund um die Uhr bewachten, kamen bei dem Angriff ebenfalls ums Leben; spätestens dann war klar, wie ernst die Lage im Meru-Nationalpark war. In den nachfolgenden Jahren verschlechterte sich die Situation weiter; das übrig gebliebene kleinere Wild fiel nun verstärkt Wilderern zum Opfer, die den Buschfleischmarkt bedienten. Schließlich wurden nicht nur zwei Touristen im Park, sondern auch George Adamson im benachbarten Kora-Nationalpark ermordet. Die Besucherzahlen gingen gleichsam auf null zurück, und da es immer weniger Tiere gab, lief Meru Gefahr, seinen Status als Nationalpark zu verlieren.

OBEN **Joy Adamson mit ihrer Löwin Elsa. Die Geschichte der erfolgreichen Wiederauswilderung gehört zu den anrührendsten Tiergeschichten der Welt und hat Meru zu internationalem Ruhm verholfen. Elsa ist in Meru begraben.**

RECHTS **Das Grevyzebra ist das weltweit größte Wildpferd. Es wird immer noch erbarmungslos gejagt; der Bestand sinkt kontinuierlich. Heute gibt es nur noch kleine Populationen im nördlichen Kenia und südlichen Äthiopien.**

Mittlerweile hat sich das Blatt jedoch ein weiteres Mal gewendet, und Meru sieht einer glücklichen Zukunft entgegen. Im Park herrscht dank eines engagierten Teams wieder Sicherheit, die Infrastruktur wurde ausgebaut, ein ehrgeiziges Programm zur Wiedereinführung bedrohter oder sogar ausgerotteter Tierarten wurde gestartet – erfolgreich, wie man an der steigenden Anzahl der Tiere sieht. Neben mehreren typischen Savannenbewohnern brachte man auch 56 Afrikanische Elefanten, die sich auf neun verschiedene Familien aufteilen, vom Laikipia-Plateau hierher; das Projekt ist das erfolgreichste seiner Art, das es bislang gab. Die Tiere trugen dazu bei, dass sich die dezimierte einheimische Population wieder erholte. Am symbolträchtigsten ist vielleicht die kleine Herde an Spitz- und Breitmaulnashörnern, die heute in einem besonders geschützten Bereich des Parks lebt und zu der auch das einzige überlebende Tier des Massakers von 1988 gehört.

Die zauberhafte Landschaft des Parks blieb von den fatalen Ereignissen der Vergangenheit zum Glück unberührt. Die spektakuläre Kulisse bilden die Nyambeni-Berge; an klaren Tagen sieht man sogar das Mount-Kenya-Massiv. Die Grenzen des Parks markieren drei große Ströme, darunter auch der Tana an der Südflanke. Der 870 Quadratkilometer große Park liegt zu beiden Seiten des Äquators in der Übergangszone zwischen der klassischen Savanne Südkenias und der wüstenähnlichen Region im Norden Kenias.

Diese Lage spiegelt sich nicht nur in den reichhaltigen Landschaftsformen wider, die es hier gibt, sondern auch in der Artenvielfalt: Typisch für die feuchtere Savanne sind Impala *(Aepyceros melampus)* und Kongoni-Kuhantilope *(Alcelaphus buselaphus cokii)*, auf trockenere Lebensräume spezialisiert haben sich Grevyzebra *(Hippotigris grevyi)*, Netzgiraffe *(Giraffa camelopardalis reticulata)*, Oryxantilope *(Oryx beisa)* und Giraffengazelle *(Litocranius walleri)*. Zudem ist Meru einer der besten Orte in Kenia, wo man Kleine Kudus *(Tragelaphus imberbis)* sehen kann. Den Großteil des Parks bedeckt offenes Grasland, auf dem vereinzelt Akazien und Langfädenbäume wachsen; die vielen Flüsse sind von Bäumen gesäumt, die ufernahe Standorte bevorzugen, darunter Feigen, Tamarinden und Doumpalmen. Dazwischen erstrecken sich ausgedehnte Marschen und Sümpfe.

Mit dem Anstieg des Wildbestands ist auch die Anzahl der Raubtiere gestiegen. Insbesondere Geparden *(Acinonyx jubatus)* sind in Meru wieder zahlreich vertreten. Die eleganten Raubkatzen gab es hier schon immer, in Meru gewöhnten auch die Adamsons ihren zahmen Geparden Pippa wieder an ein Leben in freier Wildbahn. Normalerweise jagen Geparden Gazellen und Impalas, in Meru stehen allerdings auch Dikdiks *(Madoqua* sp.) auf ihrem Speiseplan. In rund einem Drittel bis sogar der Hälfte aller Fälle sind Geparden bei der Jagd erfolgreich – bekommen die Beute aber anschließend oft von Löwen *(Panthera leo)* oder Tüpfelhyänen *(Crocuta crocuta)* abgenommen, weshalb sie das erbeutete Wild meist schnell hinunterschlingen. Einen Geparden dabei zu beobachten ist folglich ein seltenes Privileg; wenn man tatsächlich die Chance dazu erhält, dann in Meru.

RECHTS OBEN **Kleine Kudus kommen regional begrenzt oft nur im trockenen Buschland vor, das für Teile Merus typisch ist. Die scheuen Tiere sieht man selten; nur die Männchen tragen Hörner.**

GEGENÜBER **Die Netzgiraffe ist zweifelsohne die schönste aller Giraffenunterarten. Sie hat sich hinsichtlich ihres Lebensraums auf trockene Regionen spezialisiert. Das kastanienbraune Fell ist von einem helleren, netzartigen Muster überzogen.**

RECHTS **Der Name »Giraffengazelle« rührt vom somalischen Wort für das Tier – Gerenuk – her. Es verdankt ihn seinem langen Hals und der Fähigkeit, sich auf die Hinterbeine zu stellen, um an Nahrung zu gelangen.**

12. Wildhunde am Okawango

Jedes Jahr im Herbst lassen die schweren Regenfälle im Hochland von Angola die ausgetrocknete Landschaft im mehr als 1000 Kilometer entfernten Nordwesten Botswanas erblühen. Der Regen schwemmt das Land von den Hügeln in den Okawango-Fluss, der sich gen Südosten schlängelt und sich vier Monate später schließlich in das riesige gleichnamige Binnendelta ergießt. Das Delta erstreckt sich über eine Fläche von rund 15 000 Quadratkilometern; einige Bereiche sind ständig überflutet, andere sind auf den jährlichen Zufluss aus Angola angewiesen. Das Wasser überschwemmt die staubigen Ebenen und das ausgedörrte Grasland; bald verwandelt sich die wiederbelebte Landschaft in ein Mosaik aus üppigen Weiden, Sümpfen, Miombo- und Mopane-Baumsavanne, Inseln, papyrus- und palmengesäumten Lagunen, Wasserläufen und seerosenbedeckten Seen. Obwohl ein Großteil dieser Landschaft vergänglich ist – die Inseln kommen und gehen je nach Wasserstand –, finden sich bis spätestens im Mai zahllose Tiere ein, die hier ausgiebig weiden.

Besonders zahlreich vertreten sind Afrikanische Büffel *(Syncerus caffer)*, manchmal in Herden von bis zu 1000 Einzeltieren; zudem gibt es viele Afrikanische Elefanten *(Loxodonta africana)* und Huftiere, darunter der für das Okawangodelta typische Letschwe *(Kobus leche)* und die Sitatunga *(Tragelaphus spekeii)*. Diese ziehen natürlich Raubtiere an; darüber hinaus wurden am Okawango mehr als 400 verschiedene Vogelarten verzeichnet, auch der auf nur wenige Gebiete beschränkte Braunkehlreiher *(Egretta vinaceigula)*. Der Tierreichtum hält jedoch nur eine kurze Zeit an, da das Wasser aufgrund der hohen Tagestemperaturen und der geringen Tiefe der Gewässer sehr schnell verdampft; im Oktober ist ein Großteil des Deltas bereits wieder ausgetrocknet.

Einer der faszinierendsten Bewohner des Okawangodeltas ist der Afrikanische Wildhund *(Lycaon pictus)*, der vor allem im Moremi Game Reserve einen seiner letzten Zufluchtsorte gefunden hat. Einst war er in Schwarzafrika weit verbreitet, in den letzten Jahrzehnten ist die Zahl der Wildhunde jedoch dramatisch gesunken. In einigen Ländern sind sie vermutlich sogar schon

LINKS **Eine große Herde Afrikanischer Büffel zieht durch das Okawangodelta. Die Tiere gehören zu den am zahlreichsten vertretenen großen Säugetieren im Delta – und auch zu den gefährlichsten. Insbesondere die Bullen sind unberechenbar.**

OBEN **Eine Gruppe weiblicher Impalas. Die wachsamen Tiere gehören sicherlich zu den elegantesten aller afrikanischen Antilopenarten. Eine solche Gruppe bildet normalerweise den Harem eines einzigen Männchens, das seine Weibchen mit großem Eifer beschützt.**

LINKS **Wildhunde sind unerbittliche Jäger; manchmal gelingt es den Tüpfelhyänen jedoch, den Tieren die Beute wegzunehmen. Es kam auch schon vor, dass Hyänen Wildhunde getötet haben. Wie so häufig, ist auch in diesem Kampf entscheidend, welche Tierart in der Überzahl ist.**

UNTEN **Wildhunde dabei zu beobachten, wie sie ihre Beute töten, ist ein recht grausiges Schauspiel, obwohl sie die Beute schnell töten. Wie oft die Hunde jagen, hängt von der Größe des Rudels und der Art des Beutetiers ab; von einer Gazelle werden nicht viele Hunde satt.**

ausgestorben. Ein Teil der Population ist sicherlich Krankheiten wie der Staupe zum Opfer gefallen, am stärksten sind die Tiere jedoch durch die Menschen bedroht. Viele Viehzucht betreibende Bauern töten die Wildhunde, da sie sich um den Bestand ihrer eigenen Tiere sorgen. Wildhunde sind zwar nicht besonders sesshaft und deshalb in der Lage, sich in Gegenden wieder anzusiedeln, in denen sie einst ausgerottet wurden; dennoch sieht man sie in Afrika immer seltener. Die Gesamtpopulation schätzt man mittlerweile auf weniger als 5000 Tiere; nur sechs Einzelpopulationen umfassen über 100 Individuen. Die größte Chance, einen Wildhund zu Gesicht zu bekommen, hat man zweifelsohne am Okawango.

Wildhunde sind nur entfernt mit Haushunden verwandt. In ihrem Verhalten ähneln sie am ehesten Wölfen; ihr Rudel weist die gleichen sozialen und familiären Bande auf – mit einem interessanten Unterschied. Wölfe sichern die Rudelhierarchie durch aggressives Verhalten, Wildhunde durch Kooperation. Gewalt kommt in einem Rudel selten vor. Man kümmert sich um die älteren oder kranken Tiere, oft werden sie sogar gefüttert. Zu einem Rudel gehören normalerweise etwa zehn Tiere; nur ein Paar pflanzt sich fort, die anderen Tiere jagen und ziehen die Jungen des Alphapärchens groß. Sind die Jungen nicht mehr ganz so klein, befindet sich das Rudel ständig auf Wanderschaft; länger als einen Tag bleibt es selten an einem Ort. Das Jagdrevier der Wildhunde erstreckt sich über riesige Gebiete; meist jagen sie am Morgen und am Abend, tagsüber halten sie sich überwiegend im Schatten auf.

Ein Rudel Wildhunde bei der Jagd zu beobachten ist ein atemberaubendes Erlebnis. Die Hunde verfolgen ihre Beute – meist Impalas *(Aepyceros melampus)* – mit Schnelligkeit, Ausdauer und in perfekter Koordination. Bis zu fünf Kilometer weit können sie Geschwindigkeiten von bis zu 50 Stundenkilometern aufrechterhalten. Die Jagd wird in der Regel von einer Vorhut – einem untergeordneten Rudelmitglied – eröffnet, die das Terrain erforscht und mit der Verfolgung beginnt. Die anderen Tiere folgen und kreisen die Beute ein; dabei verständigen sie sich durch vogelähnliche Schreie. Wildhunde sind die bei Weitem erfolgreichsten Raubtiere: Etwa 70 Prozent ihrer Jagden enden mit dem Tod des Beutetiers.

In Botswana stehen Wildhunde unter Artenschutz, weshalb ihre Zahl mehr oder weniger konstant geblieben ist. Doch auch hier droht Gefahr: In den letzten Jahren sind in der Nähe des Okawango immer mehr Farmen entstanden, die die Zugwege der Wildhunde und Streifengnus *(Connochaetes taurinus)* erheblich einschränken. Hier sind Konflikte vorprogrammiert. Andernorts in Afrika leben die Wildhunde in eng umgrenzten Gebieten, in denen es langfristig zu wenig Beute geben wird, um die Wildhundpopulation aufrechtzuerhalten. Welche Zukunft die Art in freier Wildbahn haben wird, ist mehr als unsicher; Wildhunde brauchen riesige Flächen unberührter Natur, um überleben zu können – und davon gibt es immer weniger.

OBEN **Eine Herde Afrikanischer Büffel. Sie gehören zu den vorherrschenden Pflanzenfressern im Okawangodelta und gesellen sich selten zu anderen Arten.**

LINKE KLAPPE **Der Bienenfresser *(Merops nubicoides)* zählt zu den erstaunlichsten Vogelarten im Delta; besonders beeindruckend sind die ufernahen Nistkolonien.**

KLAPPE MITTE **Nach dem Regen bietet der Okawango unzähligen Zebras ideale Lebensbedingungen, die in die Region ziehen, um die frischen Weiden abzugrasen.**

RECHTE KLAPPE **In der Trockenzeit findet man die meisten grasenden Tiere des Deltas, etwa die Impalas, in der Nähe der schwindenden Wasserlöcher.**

LETZTE SEITE **Die im Delta weidenden Tiere ziehen natürlich auch Raubtiere wie beispielsweise Wildhunde an.**

13. Die Wüstennashörner von Namibia

Namibia kann sich mit Recht einiger der spektakulärsten Landschaften in ganz Afrika rühmen. Das Land ist sechsmal so groß wie Großbritannien, wird aber nur von weniger als zwei Millionen Menschen bewohnt; hier finden sich Sanddünen, tiefe Schluchten und riesige Geröllfelder. Im äußersten Norden – in der Region Kunene, die auch Damaraland und Kaokoland umfasst – bedecken Felshügel das spärlich bewachsene Land, das nur zur Regenzeit von Flüssen durchzogen ist. Das Wetter ist ganzjährig von geringem Niederschlag und hohen Temperaturen geprägt.

In dieser eher menschenfeindlichen Landschaft lebt die weltweit letzte und größte Population von Spitzmaulnashörnern *(Diceros bicornis)* in freier Wildbahn. In den 1970er und 1980er Jahren wurde ihr Bestand durch Wilderer drastisch dezimiert: von geschätzten 70 000 Tieren Ende der 1960er Jahre auf weniger als 2500 Tiere im Jahr 1995. In einigen Ländern ist die Art bereits ausgestorben, in anderen stark gefährdet. Die Tiere mussten rund um die Uhr von bewaffneten Rangern bewacht und zu ihrem eigenen Schutz in Gehege gesperrt werden.

Einzig in Namibia gibt es noch eine ansehnliche Anzahl von frei lebenden Nashörnern, viele davon in dem größtenteils unzugänglichen Damaraland. Doch auch hier drohte Gefahr: Zu Beginn der 1980er Jahre machten zahlreiche professionelle Wilderer die Gegend unsicher. Nachdem 1988 mehrere Nashörner getötet worden waren, fingen Umweltschützer einige der überlebenden Tiere ein. Sie wurden entweder in sicherere Gegenden umgesiedelt oder von ihren Hörnern befreit – um sie für Wilderer unattraktiv zu machen – und anschließend wieder ausgesetzt. Die Hörner der Tiere bestehen aus Keratin und wachsen nach; mit der vorübergehenden »Enthornung« rettete man vermutlich mehreren Nashörnern das Leben. Heute ist die Wilderei unter Kontrolle, alle Tiere haben Hörner und ihre Anzahl hat sich inzwischen wieder verdoppelt.

VORHERGEHENDE SEITE **Ein Wildhund auf der Jagd: Der Kopf ist gesenkt, die Augen auf die potenzielle Beute gerichtet. Die Jagd beginnt, indem die Hunde sich der Beute nähern; flieht diese, setzen die Hunde ihr nach, wobei sie bis zu 55 Stundenkilometer schnell werden können. Getötet wird das Beutetier normalerweise mit einem Biss in die Flanke.**

UNTEN **Nashörner an einem Wasserloch im Etosha-Nationalpark östlich von Damaraland. Die Tiere sind von Natur aus zwar nicht sehr gesellig, sammeln sich jedoch in kleinen Gruppen an ihren bevorzugten Wasserstellen. Sie dort zu beobachten gehört zu den aufregendsten Naturerlebnissen in Afrika überhaupt.**

UNTEN **Aufgrund des geringen Niederschlags und der spärlichen Vegetation halten sich die wüstenbewohnenden Nashörner meist mehrere Tage lang an einer Weidestelle auf – oft, bis auch das letzte Blättchen verzehrt ist.**

Die Subspezies der Spitzmaulnashörner ist besonders gut an ein Leben in wüstenähnlichem Klima angepasst. Die Tiere kommen mit dem öden Terrain gut zurecht und sind bemerkenswert geschickt im Erklimmen der Felsen, wo sie Nahrung und Schatten suchen. Sie können bis zu vier Tage ohne Wasser auskommen und haben einen flexiblen Speiseplan, auf dem je nach Saison und Verfügbarkeit verschiedene Pflanzen stehen. Besonders gern fressen sie Vertreter der Gattung *Euphorbia*, die zu den Wolfsmilchgewächsen gehört und für die meisten anderen Tiere – und auch für den Menschen – giftig ist. Manchmal tun sie sich tagelang an einer einzelnen Pflanze gütlich und ziehen erst weiter, wenn auch das letzte Blättchen verzehrt ist. Euphorbien spenden auch viel Schatten, den die Nashörner für ihren Mittagsschlaf nutzen.

Da Nahrung selten ist, umfasst das gesamte Revier der Wüstennashörner mehr als 2500 Quadratkilometer; meist halten sie sich jedoch in einem engeren Umkreis von 500 bis 600 Quadratkilometern auf – immer noch beeindruckend für ein Tier, das ansonsten wenig mobil ist! Nashörner sind Einzelgänger und tun sich meist nur zur Paarung zusammen; manchmal bilden sie jedoch auch kleinere Gruppen, insbesondere dort, wo sie ausreichend Futter finden. Die Weibchen bringen ein einzelnes Junges zur Welt, das bis zu zweieinhalb Jahre lang bei der Mutter bleibt.

Die Gegenden, in denen die Wüstennashörner leben, besitzen meist keinen offiziellen Umweltschutzstatus; durch die Unzugänglichkeit und Abgelegenheit des Terrains sind die Tiere jedoch einigermaßen geschützt. Die rund 130 Wüstennashörner werden von Rangern überwacht, denen sich auch ehemalige Wilderer angeschlossen haben, die mit den Gewohnheiten der Tiere bestens vertraut sind. Sie verzeichnen Sichtungen der einzelnen Nashörner, die sie teilweise sogar wiedererkennen. Ein untrügliches Zeichen sind die individuellen Reviermarkierungen – entweder mit Urin (der durch den Wolfsmilchsaft weiß verfärbt ist) oder durch Kot. Den hinterlassenen Mist einzusammeln ist für den Experten relativ einfach; schwieriger ist es dagegen, die scheuen Tiere selbst zu Gesicht zu bekommen – eine zeitraubende und mühsame Aufgabe.

Die Wüstennashörner von Damaraland gehören zu der am schnellsten wachsenden frei lebenden Nashornpopulation in Afrika und stehen im Mittelpunkt der boomenden Tourismusbranche Namibias. In der Region leben auch viele andere interessante Tiere, etwa der Afrikanische Elefant *(Loxodonta africana)*, der sich ebenso wie das Spitzmaulnashorn an die spezifischen Klimabedingungen angepasst hat (siehe dazu auch S. 81). In jüngerer Zeit ist auch der Löwe *(Panthera leo)* wieder zurückgekehrt, nachdem er hier fast ausgerottet war. Zudem sieht man zahlreiche Geparden *(Acinonyx jubatus)* – die Population in Namibia gehört zu den gesündesten in ganz Afrika – sowie verschiedene Huftiere, darunter auch den berühmten Spießbock *(Oryx gazella)*. Der Tierreichtum in den Wüsten Namibias mag an den der anderen Gegenden des südlichen Afrika vielleicht nicht heranreichen; dennoch lohnt ein Besuch der spektakulären Landschaft mit ihren faszinierenden Bewohnern.

RECHTS **Nashörner gelten zwar als ungelenk, sind aber überraschend geschickt. Auf der Suche nach Nahrung legen sie weite Strecken zurück und können sich auch auf Kies und Sand mühelos fortbewegen.**

GEGENÜBER **Nashörner sehen schlecht, ihr Gehör und Geruchssinn ist dagegen ausgezeichnet entwickelt. Übermäßig aggressiv sind sie nicht; da man jedoch nie genau weiß, wie sie reagieren, sollte man immer einen respektvollen Abstand einhalten.**

14. Waldtiere in Gabun

Gabun zeichnet sich durch seine geringe Bevölkerungsdichte, seinen relativen Wohlstand und durch politische Stabilität aus – und hebt sich damit stark von der umgebenden Region ab, die noch immer überwiegend von Armut und politischen Unruhen beherrscht wird. Drei Viertel des im riesigen Kongobecken gelegenen Gabun sind bewaldet; dank seiner Ölreserven hatte es das Land – bis dato zumindest – jedoch nicht nötig, seine Wälder des Holzes wegen zu plündern. Im Jahr 2002 ließ Präsident Omar Bongo im Rahmen eines aufgeklärten und geradezu visionären Projekts 28 500 Quadratkilometer des Landes – darunter auch riesige Flächen nahezu unberührten Regenwaldes – zu einem Zusammenschluss von insgesamt 13 Nationalparks erklären. Damit wollte man den sanften Tourismus ankurbeln, der Gabuns Wirtschaft unterstützen soll, wenn die Ölreserven zur Neige gehen.

Links Die auffällige Gesichtszeichnung des ausgewachsenen Mandrillmännchens spielt vor allem bei der Paarung eine Rolle; zur Brunftzeit ist sie sogar noch farbenprächtiger. Der Mandrill ist eng mit dem Pavian verwandt; auch er gehört zu den Allesfressern.

Elf Prozent der Landesfläche sind mittlerweile als Nationalparkgebiet ausgewiesen – ein Rekord, den sonst nur noch Costa Rica erreicht. Viele der Parks sind größtenteils naturbelassen, illegale Jagd und andere Störfaktoren sind glücklicherweise selten. Die Landschaft ist atemberaubend, die Artenvielfalt riesig, womit Gabun zu einem der lohnendsten Reiseziele für Naturliebhaber aufgestiegen ist. Die drei »Vorzeigenationalparks« sind Lopé, wo viele Primaten heimisch sind, Ivindo, wo man seltene und scheue Waldsäugetiere beobachten kann, und Loango, wo man miterleben kann, wie Elefantenherden an Sandstränden entlangziehen und Flusspferde ein Bad in der Brandung nehmen.

Die 4910 Quadratkilometer von La Lopé bestehen überwiegend aus Tiefland-Regenwald und – im Norden des Parks – Flächen offenen Graslands. Bislang zählte man hier 63 verschiedene Säugetierarten, darunter große Populationen des Waldelefanten *(Loxodonta cyclotis)*, des Westlichen Gorillas *(Gorilla gorilla)*, des Schimpansen *(Pan troglodytes)*, des Afrikanischen Waldbüffels *(Syncerus caffer nanus)*, des Pinselohrschweins *(Potamochoerus porcus)* und des in Marschen heimischen Sitatungas *(Tragelaphus spekeii)*. Zudem ist Lopé die Heimat der nur hier vorkommenden Sonnenschwanzmeerkatze *(Cercopithecus solatus)*; die Art entdeckte man erst 1984.

Wer Lopé besucht, hat gute Chancen, einen Gorilla zu Gesicht zu bekommen. In Gabun hat insbesondere der Westliche Gorilla, der weltweit durch die Zerstörung seines Lebensraums und durch Wilderer stark gefährdet ist, einen letzten Rückzugsort gefunden. Von den geschätzten 45 000 Gorillas in Gabun leben etwa 4000 in Lopé. Derzeit arbeitet man daran, einige der Gruppen an den Menschen zu gewöhnen, damit man die Tiere besser überwachen kann – ähnlich wie die Berggorillas in anderen Teilen Afrikas (siehe S. 85).

Ebenfalls häufig zu sehen ist der Mandrill *(Mandrillus sphinx)*, dessen Bestand in Lopé auf rund 1350 Tiere geschätzt wird. Der größte Affe der Welt ist ausgesprochen gesellig und meist in riesigen Gruppen anzutreffen, die manchmal mehrere Hundert Tiere umfassen. Wie bei vielen Primaten so gehören auch zur Mandrillengruppe Weibchen und Junge, die sich einem dominanten Männchen unterordnen. Den Großteil des Tages verbringen sie auf dem Waldboden oder in Lichtungen, wo sie nach Futter suchen; nur zum Schlafen oder wenn Gefahr droht, ziehen sie sich auf Bäume zurück.

Am aufregendsten im Ivindo-Nationalpark sind sicherlich die außergewöhnlichen »bais« – weite, meist feuchte Lichtungen, die sich plötzlich mitten im Regenwald öffnen. Von der Existenz dieser Orte erfuhr man erst im Jahr 2000, als der Biologe Michael Fay die bemerkenswerte Strecke von 3200 Kilometern im örtlichen Regenwald zurücklegte. Dabei entdeckte Fay Stellen, an denen

man wie sonst fast nirgends in Afrika Tiere beobachten kann, etwa die Langoué Bai, wo sich viele große Säugetiere versammeln, um zu grasen, zu baden und sich auszuruhen. Herden von Waldelefanten und Afrikanischen Waldbüffeln sind keine Seltenheit hier – beide Arten leben normalerweise im Wald und sind sehr scheu; zu bestimmten Zeiten im Jahr kommen auch Gruppen von Westlichen Gorillas auf der Suche nach Wurzeln und anderer Vegetation.

Der Waldelefant *(Loxodonta cyclotis)* wird seit einiger Zeit als selbstständige Art neben dem Afrikanischen Elefanten *(Loxodonta africana)* angesehen; Letzterer wird zur Unterscheidung auch als Steppenelefant bezeichnet. Der Waldelefant ist deutlich kleiner, hat rundere Ohren und weniger gebogene Stoßzähne. Der bevorzugte Lebensraum des Waldelefanten erschwert die Schätzung der Gesamtpopulation; dennoch weiß man, dass auch diese Art in einem Großteil ihres Verbreitungsgebiets gefährdet ist. In Gabun leben die Tiere noch relativ ungestört – man vermutet, dass viele von ihnen noch nie Kontakt mit Menschen hatten.

Der 1550 Quadratkilometer große Loango-Nationalpark umfasst eine überraschende landschaftliche Vielfalt: eine Mischung aus Wäldern, Steppen, Sümpfen, Mangroven, Lagunen und einem Strand, der sich 100 Kilometer lang an der Küste des Golfs von Guinea erstreckt. Die vielfältigen Lebensräume, die nah beieinanderliegen, haben einen beeindruckenden Tierreichtum zur Folge: An einem einzigen Tag kann man nur wenige Kilometer voneinander entfernt Gorillas, Schimpansen, Mandrille, Elefanten und Buckelwale sehen – manchmal suchen Elefanten, Flusspferde und sogar Gorillas friedlich nebeneinander am Strand nach Nahrung. Sechs verschiedene Walarten und drei Arten von Meeresschildkröten hat man bislang gesichtet; zwischen Juli und September tummeln sich vor allem die Buckelwale *(Megaptera novaeangliae)* hier. Alle drei Arten von Afrikanischen Krokodilen sind im Park vertreten. Mit seiner beinahe unberührten Landschaft und dem reichen Tierleben gehört Loango zu den schönsten Nationalparks in ganz Afrika.

OBEN **Bei einem Besuch im Loango-Nationalpark hat man die einzigartige Möglichkeit, große Säugetiere wie Büffel und Elefanten am Strand zu beobachten. Die Tiere leben sonst im Wald, der in dieser Gegend bis fast an die Küste reicht.**

GEGENÜBER **Die Stoßzähne des Waldelefanten sind weit weniger gebogen als die seines nahen Verwandten, des Afrikanischen Elefanten und weisen mehr nach unten. Dies ist vermutlich eine Folge der evolutionären Anpassung an den Lebensraum; die Tiere müssen sich durch dichte Vegetation fortbewegen, in der nach oben gebogene Stoßzähne ein Hindernis wären.**

15. Reise zum Ngorongoro-Krater

Selbst wenn hier keine Tiere leben würden, wäre der Ngorongoro-Krater eines der größten Naturschauspiele der Welt. Er ist vor mehr als zwei Millionen Jahren durch kataklysmische vulkanische Aktivität entstanden und die größte zusammenhängende, nicht mit Wasser gefüllte Caldera der Welt. Der Krater hat einen Durchmesser von 20 Kilometern, sein Rand überragt die umgebende Ebene um 600 Meter – die Aussicht ist geradezu atemberaubend. Die Kraterwände waren ursprünglich Teil eines riesigen Vulkankegels, dessen Spitze einbrach und heute den Kraterboden bildet. Seine Landschaft repräsentiert das klassische Ostafrika: offene Savanne, Akazien und Waldland (der Lerai-Wald), dazwischen Feuchtgebiete und sogar ein See (Makat-See), der vom Munge-Fluss gespeist wird.

Der Krater gehört zum 8280 Quadratkilometer großen Naturschutzgebiet Ngorongoro Conservation Area (NCA), ist Welterbe der UNESCO und Biosphärenreservat; gemeinsam mit dem umliegenden Hochplateau stellt er eines der wichtigsten Ökosysteme Ostafrikas dar. Darüber hinaus ist die NCA auch für die Menschheitsgeschichte von einiger Bedeutung: An mehreren Stätten, darunter die Oldupai-Schlucht und Laetoli, fanden Archäologen 3,6 Millionen Jahre alte versteinerte Fußabdrücke unserer Vorfahren.

Die Tatsache, dass die eindrucksvolle Landschaft des Kraters auch rund 20 000 großen Säugetieren sowie zahlreichen Vögeln und anderer Fauna eine Heimat bietet, macht den ohnehin fast einzigartigen Ort für Naturfreunde und Umweltschützer zusätzlich interessant. Beinahe alle klassischen Savannenbewohner sind vertreten, etwa eine kleine Population von Spitzmaulnashörnern *(Diceros bicornis)*, die hier einen der letzten Zufluchtsorte in Tansania gefunden haben, nachdem sie in den 1980er Jahren durch Wilderer fast ausgerottet worden waren. Der Kraterboden erstreckt sich über eine Fläche von 250 Quadratkilometern und wird beständig von Herden grasender Huftiere besucht, darunter Weißbartgnu *(Connochaetes taurinus mearnsi)*, Steppenzebra *(Equus quagga)*, Thomson- und Grant-Gazelle *(Gazella thomsonii* und *G. granti)*, Elenantilope *(Taurotragus oryx)*, Afrikanischer Büffel *(Cyncerus caffer)* und Warzenschwein *(Phacochoerus africanus)*. In den feuchteren Gegenden halten sich Wasserböcke *(Kobus ellipsiprymnus)* auf, um Mandusi und Ngitokitok herum gibt es viele

LINKS **Ein Goldschakal *(Canis aureus)* vor einem Flamingoschwarm am Makat-See im Ngorongoro-Krater. Die Tiere fangen sich ihre kleinere Beute selbst, verschmähen aber auch nicht, was größere Raubtiere von einer Mahlzeit übrig gelassen haben.**

OBEN **Der Blick vom Rand des Ngorongoro-Kraters auf den mehrere Hundert Meter darunterliegenden Boden gehört zu den schönsten in ganz Afrika. Der Krater umfasst ein breites Spektrum an Lebensräumen, das eine Vielzahl von Tieren anzieht.**

RECHTS **Der Serval ist eine der akrobatischsten Wildkatzenarten; er springt in die Luft, um Vögel zu fangen, oder stürzt sich mit kunstvollen Sprüngen auf Nagetiere. Die tagaktiven Tiere kann man in der üppigen Vegetation häufig bei der Jagd beobachten.**

Flusspferde *(Hippopotamus amphibius)*. Die größten Säugetiere im Krater sind die einzeln umherziehenden Afrikanischen Elefantenbullen *(Loxodonta africana)*. Bis zu 50 verschiedene ausgewachsene Männchen besuchen den Ngorongoro-Krater von Zeit zu Zeit; die einheimischen Herden der weiblichen Elefanten und ihre Jungen sieht man dagegen selten, sie bevorzugen die Wälder am Kraterrand.

Die klassischen afrikanischen Raubtiere sind ebenfalls anzutreffen, darunter auch der Löwe *(Panthera leo)*. Wie die meisten der im Krater lebenden Tiere sind auch die Löwenrudel an Fahrzeuge gewöhnt, ein Blick aus nächster Nähe ist daher fast immer möglich. Zudem finden sich Tüpfelhyänen *(Crocuta crocuta)* und Leoparden *(Panthera pardus)*; Letztere sieht man allerdings selten, da sie sich meist in den Wäldern aufhalten. Den Serval *(Leptailurus serval)* bekommt man vorwiegend in Gegenden zu Gesicht, in denen Schilf und Langgräser wachsen. Die hübsche Wildkatze ernährt sich hauptsächlich von Nagetieren und Vögeln.

Die im Ngorongoro-Krater lebenden Tiere können sich frei in der Region bewegen – und das tun sie auch. Dass sich das ganze Jahr über so viele Tiere hier aufhalten, liegt daran, dass ganzjährig Wasser und gutes Weideland zur Verfügung stehen. Dennoch ist die Zahl der Tiere in der Trockenzeit etwas höher. Einige Arten sucht man jedoch vergebens: Die Giraffe *(Giraffa camelopardalis)* z. B. kann vermutlich die Abhänge nicht bewältigen und findet zudem nur unzureichend Nahrung; Impalas *(Aepyceros melampus)* und Leierantilopen *(Damaliscus lunatus)* kommen in der NCA zwar häufig vor, im Ngorongoro-Krater selbst seltsamerweise jedoch nicht. Und auch Geparden *(Acinonyx jubatus)* verirren sich nur gelegentlich auf den Boden des Kraters.

Vögel sind dagegen zahlreich vertreten, darunter auch Rosa- und Zwergflamingos *(Phoenicopterus roseus* und *P. minor*), die morgens am Makat-See nach Nahrung suchen. Die Vögel sind gewissermaßen die Wahrzeichen der ostafrikanischen Seen und reagieren sehr empfindlich auf Veränderungen in der Umgebung; an einem ihrer »Hauptstandorte« im Ostafrikanischen Grabenbruch, dem kenianischen Nakuru-See, gehen die Bestände derzeit zurück. Den genauen Grund dafür kennt man nicht, vermutlich sind es der sinkende Wasserstand, der durch die exzessive Bewässerung der umliegenden Felder verursacht wird, sowie die zunehmende Verschmutzung des Sees.

Trotz seines Tierreichtums ist auch der Ngorongoro-Krater nicht frei von Problemen. In den letzten Jahren ist die Anzahl einiger grasender Tierarten und damit auch die der Raubtiere, die sich von ihnen ernähren, zurückgegangen. Zudem häufen sich menschliche Eingriffe. Seit Jahrzehnten zeichnet sich ein Konflikt zwischen Umweltschutz und den Bedürfnissen der dort lebenden Menschen ab; ein Beispiel dafür war die Vertreibung der Massai aus dem Krater in den 1970er Jahren. Mittlerweile hat sich der Krater zu Tansanias lukrativster Touristenattraktion entwickelt, was Vorwürfe der Ausbeutung nach sich zog. Davon profitieren auf lange Sicht weder die Besucher noch die im Ngorongoro-Krater heimischen Tiere. Und so ist und bleibt letztlich auch der »sanfte Tourismus« ein diffiziler Balanceakt.

GEGENÜBER OBEN **Ein ausgewachsener Afrikanischer Büffel. Die riesigen Hörner und die schiere Masse des Körpers machen ihn zu einem respektablen Gegner für jedes Raubtier. Löwen haben nur im Rudel eine Chance; einzeln würden sie einen Büffel niemals angreifen.**

GEGENÜBER UNTEN **Die Elenantilope ist die größte, aber auch langsamste Antilopenart der Welt. Ältere Männchen wie dieses sondern sich meist ab, die Weibchen und Jungen schließen sich zu Herden mit 50 und mehr Einzeltieren zusammen.**

Links **Eine Elefantenherde in der ausgedörrten Landschaft der Sahelzone. Auf der ewigen Suche nach Wasser begeben sich die Tiere auf eine erstaunliche und äußerst beschwerliche Reise.**

Rechts **Die Haut der nomadischen Elefanten von Mali ist von einer dicken Schicht Wüstenstaub überzogen, der sie manchmal geradezu geisterhaft erscheinen lässt. Dass sie in einer solchen Umgebung überhaupt überleben können, grenzt an ein Wunder.**

16. Nomadische Elefanten in Mali

»Überall sieht man Elefanten, viele von ihnen haben große Stoßzähne. Mein Gastgeber sagt, dass man Unmengen von Stoßzähnen in Timbuktu kaufen kann. Die Stammesmitglieder bringen sie dorthin [...] Sie jagen die Elefanten nicht mit Gewehren, sondern stellen Fallen; schade, dass ich das nicht miterleben konnte.« Diesen Bericht schrieb der französische Entdecker René Caille, der 1828 als erster Europäer die sagenumwobene Stadt Timbuktu sah – und lebend zurückkehrte. Zu dieser Zeit waren große Herden Afrikanischer Elefanten *(Loxodonta africana)* in der Region – insbesondere in den Marschen am Niger – kein ungewöhnlicher Anblick; die Tiere zogen in großer Zahl in der ganzen Gegend umher, auf der Suche nach Wasser und Nahrung.

Das raue und aride Klima der Sahelzone scheint Elefanten zunächst keine idealen Lebensbedingungen zu bieten; ihre Anwesenheit dort ist vermutlich ein Überbleibsel aus Zeiten mit höheren Niederschlagsmengen und üppigerer Vegetation. Das Klima veränderte sich, die Sahelzone wurde immer mehr zur Wüste und die Anzahl der dort lebenden Elefanten sank.

Auch durch die Jagd wurden die Populationen stark dezimiert, in den 1920er Jahren waren die großen Herden vergangener Zeiten fast ausgerottet. 1970 gab es noch vier verschiedene Elefantenpopulationen in Mali, übrig geblieben ist nur eine einzige. Sie umfasst rund 300 Einzeltiere, die sich die meiste Zeit des Jahres auf mehrere Gruppen verteilen. Die Tiere leben größtenteils in Gourma, einem riesigen ariden Gebiet zwischen dem Niger und der Grenze zu Burkina Faso; sie bilden die weltweit nördlichste Population Afrikanischer Elefanten und eine der letzten in Westafrika.

Doch nicht nur durch ihre Seltenheit zeichnen sich die Tiere aus. Noch bemerkenswerter ist die Tatsache, dass sie auf der Suche nach Wasser Jahr für Jahr eine unglaublich weite Reise unternehmen, die sie immer wieder zu ihrem Ausgangspunkt zurückführt. Nomadische wüstenbewohnende Elefanten gibt es zwar auch in Namibia (siehe S. 70), die Mali-Population legt jedoch weit größere Entfernungen zurück – jährlich insgesamt bis zu 1200 Kilometer und an einem einzigen Tag manchmal bis zu 50 Kilometer. Die Bedingungen, unter denen diese Elefanten leben, sind äußerst schwierig; es ist für sie ein ständiger Kampf ums Überleben. Ein ausgewachsener Elefant braucht in diesem Klima etwa 150 Liter Wasser am Tag – und Wasser gibt es hier, wenn überhaupt, nur sehr spärlich.

Die jährliche Wanderung der Elefanten beginnt im äußersten Norden von Burkina Faso und findet entgegen dem Uhrzeigersinn statt. Auf ihrer ersten Etappe überqueren sie im November die Grenze zu Mali. Dort wenden sie sich nach Norden und folgen einer Route, deren Verlauf die temporären und permanenten Wasserstellen bestimmen. Im Februar oder März gelangen sie zum Gossi-

See und von dort zur Réserve de Douentza sowie zu den Marschen um den Benzéma-See, wo sich fast die gesamte Population versammelt und in der Trockenzeit auch bleibt. Hier hat der Besucher die beste Chance, die Tiere zu Gesicht zu bekommen, da immer genug Wasser und gutes Weideland vorhanden sind. Hier bringen die Elefantenkühe auch die Jungen zur Welt. In Erwartung der Regenzeit, die im Mai oder Juni beginnt, ziehen die Tiere nach Süden; meist wandern sie nachts, um die erbarmungslose Tageshitze zu meiden. Wo sie Wasser finden, wissen die Elefanten immer ganz genau. Spielraum für Irrtümer gibt es auf ihrer Reise ohnehin nicht: Wählten sie den falschen Ort aus, an dem die Wasserstelle ausgetrocknet wäre, könnte die ganze Herde zugrunde gehen. Im August kommen die Elefanten wieder in Burkina Faso an, drei Monate später beginnt dann ein neuer Wanderungszyklus.

In Mali besteht eine interessante und zerbrechliche Beziehung zwischen den Elefanten und den Einwohnern der Region, überwiegend Tuareg und Fulani (Pheul). Traditionellerweise sind diese Menschen Hirten, die Kühe, Schafe und Ziegen weiden und Esel sowie Kamele halten. Seit alters her respektieren sie die Elefanten; sie folgen ihnen zu den Wasserstellen und profitieren davon, dass die Elefanten die dichte Vegetation zugänglicher machen, die sie somit als Weideland nutzen können. Seit Jahrhunderten teilen sich Mensch und Tier die spärlichen Ressourcen der Gegend. In den letzten Jahrzehnten wurden die Einwohner jedoch immer mehr dazu ermutigt, ihr nomadisches Hirtendasein aufzugeben, sesshaft zu werden und Landwirtschaft zu betreiben, insbesondere in der Nähe der wenigen permanenten Wasserreservoirs wie dem Gossi-See. Dies stört jedoch die jährliche Wanderung der Elefanten – die friedliche, aber zerbrechliche Beziehung steht auf dem Spiel.

Der Schutz nomadischer Tiere ist bekanntermaßen schwierig; obwohl man immer mehr über ihre jahreszeitlichen Wanderungen weiß, kann man die Routen der Mali-Elefanten nicht immer genau vorhersagen. Manchmal verschwinden die Tiere tage- oder sogar wochenlang und sind ungeachtet der nur spärlich bewachsenen Landschaft nicht zu entdecken. Dann plötzlich tauchen sie aus dem Wüstenstaub wieder auf, wie Geistererscheinungen.

Die Zukunft dieser wundervollen Tiere hängt am seidenen Faden und wird von mehreren Faktoren bestimmt; beispielsweise davon, dass – vorzugsweise in einiger Entfernung von menschlichen Siedlungen – zuverlässige Wasserstellen geschaffen und auch bewahrt werden. Auch für die Sicherheit der Routen, auf denen die Tiere entlangziehen, muss gesorgt werden. Einige Elefanten wurden mit GPS-Sendern versehen, damit man ihre Wanderungen besser nachvollziehen kann; doch vor der größten Bedrohung – der fortschreitenden Ausdehnung der Wüste – schützen auch diese Kenntnisse nicht.

LINKS **In der Trockenzeit versammeln sich die Elefanten an den wenigen Stellen, an denen es noch Wasser gibt. Mit fortschreitender Verwüstung wird die Konkurrenz der Tiere untereinander immer größer – ihre Anzahl sinkt unaufhörlich.**

UNTEN **Die Elefanten von Mali sind an Vieh gewöhnt; traditionellerweise werden sie umgekehrt auch von den Menschen in der Region respektiert. Doch mit dem Übergang vom Nomadentum zur Sesshaftigkeit mit Ackerbau und Viehzucht ist diese friedliche Beziehung immer mehr gefährdet.**

GEGENÜBER **Die Begegnung mit einem Gorilla ist sicherlich eine der bewegendsten Erfahrungen, die der Besucher im Bwindi-Regenwald machen kann. Die kräftigen, aber meist friedlichen Tiere gehören zu unseren nächsten Verwandten. Sie sind stark durch Wilderer und die Zerstörung ihrer Lebensräume gefährdet.**

OBEN **Steile Abhänge und dichte Vegetation machen den Bwindi-Regenwald beinahe unzugänglich, was dem Nationalpark seinen Namen eingebracht hat. In einer solchen Umgebung Tiere zu beobachten ist eine echte Herausforderung; hier sind Geduld und Ausdauer gefragt.**

17. Im undurchdringlichen Wald

Die Virungas – acht Vulkane, die sich wie Perlen auf einer Kette aneinanderreihen – liegen im Dreiländereck zwischen der Demokratischen Republik Kongo, Ruanda und Uganda. Sie bilden einen westlichen Ausläufer des Großen Afrikanischen Grabenbruchs (Great Rift Valley); einige der Vulkane sind noch immer aktiv und brechen von Zeit zu Zeit aus – meist mit katastrophalen Folgen. Die Abhänge der bis zu 4000 Meter hohen und niederschlagsreichen Berge sind jedoch von üppiger Vegetation bedeckt und bieten einer Vielzahl faszinierender Tiere einen Lebensraum. Doch wie fast überall auf der Welt blieben auch diese Wälder nicht von der Abholzung und Rodung zu landwirtschaftlichen Zwecken verschont; eines der letzten intakten Gebiete ist am nördlichen Ende der Virunga-Kette im südwestlichen Uganda erhalten geblieben: der Bwindi Impenetrable National Park, der vor allem für seine Berggorillas *(Gorilla gorilla beringei)* berühmt ist.

Bwindi ist ursprünglicher, mehrere Tausend Jahre alter Regenwald und weist eine weltweit beinahe einzigartige Artenvielfalt auf. Die Zahlen sprechen für sich: Rund 350 Vogelarten, etwa 200 Schmetterlingsarten und mindestens 120 Säugetierarten gibt es hier. Mehrere der Arten sind endemisch, viele weitere sind auf eng umgrenzte Gebiete in Ostafrika beschränkt. Der 331 Quadratkilometer große Nationalpark besteht aus zerklüftetem Terrain, die Berge sind zwischen 1160 und 2607 Meter hoch; sowohl Tiefland-Regenwald als auch afrikanischer Bergnebelwald sind vertreten – Letzterer stellt eines der seltensten Biotope des gesamten Kontinents dar. Bwindi zeichnet sich durch eine Ehrfurcht gebietende, geheimnisvolle Atmosphäre aus: Die riesigen Bäume sind von Kletterpflanzen und Epiphyten überwuchert, Vögel und andere Tiere kann man in dem dichten Laubwerk nur schwer erspähen. Tiefe Schluchten schneiden in die Landschaft, die steilen Abhänge gehen in undurchdringliches Unterholz über, was dem Park seinen Namen gegeben hat und ihn zweifellos vor dem Schicksal anderer, zugänglicherer Wälder bewahrt hat.

Die Gesamtpopulation aller Berggorillas der Welt umfast rund 700 Einzeltiere; sie alle leben in den dichten Wäldern der Virungas und in Bwindi. Früher bewegten sie sich frei zwischen der Republik Kongo, Ruanda und Uganda; heute ist dies für die Tiere sehr gefährlich, wenn nicht unmöglich, da ihr Lebensraum durch die Ausdehnung der Landwirtschaft und durch politische Unruhen immer mehr zersplittert wird. Heute leben im Bwindi-Regenwald schätzungsweise 330 Gorillas, die sich auf etwa zwölf Gruppen aufteilen. Eine Gruppe umfasst normalerweise 10 bis 15 Tiere, die von einem ausgewachsenen Männchen, einem sogenannten Silberrücken, angeführt werden. Den Rest der Gruppe bilden die Weibchen, sein »Harem«, sowie mehrere »Schwarzrücken« und die Jungtiere.

Gorillas sind Vegetarier; die in Bwindi lebenden Tiere ernähren sich von mehr als 60 verschiedenen Pflanzenarten. Meist suchen sie in Lichtungen danach, wo der stärkere Lichteinfall das Wachstum ihrer Lieblingsspeisen begünstigt. Ihr Appetit ist sagenhaft: Ein ausgewachsenes Männchen frisst bis zu 20 Kilogramm Pflanzen am Tag, und gesunde Gorillas haben meist auffällige Blähbäuche. Die Nahrungssuche beginnt gleich nach dem Aufwachen im ersten Sonnenlicht und hält bis mittags an; dann folgt erst einmal ein Verdauungsschläfchen. Am späteren Nachmittag suchen die Tiere erneut nach Nahrung, bevor sie sich in ihr Nachtquartier begeben. Dies besteht in der Regel aus einem Nest aus Zweigen und Blättern, wobei sich die Gruppe um das dominante Männchen schart. Gorillas verbringen etwa 90 Prozent ihrer Lebenszeit auf dem Boden und bewegen sich dabei auf allen vieren fort. Auf die Hinterbeine stellen sie sich nur, wenn sie an ein besonders schmackhaftes Pflänzchen herankommen oder eine Drohgebärde machen wollen – das klassische Auf-die-Brust-Klopfen, bestens bekannt aus den *Tarzan*-Filmen.

Zwei der Gorillagruppen von Bwindi sind an Menschen gewöhnt; sie tolerieren ihre Anwesenheit in einem bestimmten Abstand, der auch deswegen so wichtig ist, damit die Tiere sich nicht mit einer Krankheit anstecken – selbst eine gewöhnliche Erkältung kann tödlich für sie sein. Diese Begegnungen zwischen Mensch und Gorilla werden streng kontrolliert – man braucht eine sehr kostspielige Genehmigung – und finden nur unter Aufsicht statt; dennoch gehört sie zu den wohl bewegendsten Erfahrungen, die der Besucher im Bwindi-Regenwald machen kann. Einem Silberrücken gegenüberzusitzen, der von seinem Harem umgeben ist und scheinbar unbeeindruckt nach Futter sucht, ist ein großes Privileg – das man sich durch einen anstrengenden Marsch erst erarbeiten muss. Die meisten Besucher beschreiben die Begegnung als sehr emotionales Ereignis voller Demut und Freude.

OBEN **Zu einem Silberrücken wird ein erwachsener Gorilla erst, wenn er zehn Jahre und älter ist. Ausgewachsene Männchen wiegen doppelt so viel wie Weibchen, ihr Anblick ist wahrlich Ehrfurcht gebietend. Das Familienoberhaupt entscheidet, wann und wo nach Futter gesucht und wo übernachtet wird.**

GEGENÜBER **Gorillakinder bleiben mehrere Jahre lang bei der Mutter. Die meisten männlichen Jungtiere, aber auch viele weibliche, verlassen die Gruppe, in der sie geboren wurden, irgendwann. Dies sorgt für genetische Ausgewogenheit. In Gegenden, in denen die Gorillapopulationen jedoch stark versprengt sind, ist eine solche natürliche Verteilung nicht immer erfolgreich.**

LINKS **Gorillas leben in engen Familienverbänden. Die Bindung zwischen den einzelnen Mitgliedern der Familie ist stark und wird durch gegenseitige Fellpflege unterstrichen. Der dominante Silberrücken ist für Disziplin und Sicherheit verantwortlich, Streitigkeiten kommen selten vor. Unterstützt wird er von zwei bis drei jüngeren Männchen, sogenannten Schwarzrücken.**

ASIEN

Noch vor 100 Jahren gab es in Asien einen sagenhaften Tierreichtum: von Gazellen- und Oryxantilopenherden sowie Straußen in den größtenteils unerforschten Wüsten Arabiens bis zu den Elefanten, Nashörnern und Tigern, die in den nahezu unberührten Regenwäldern Südostasiens lebten. Heute sind sowohl Lebensraum als auch Tiere infolge der massiven und anhaltenden Bevölkerungsexplosion stark gefährdet. An einigen Orten sind viele Arten bereits ausgerottet; dieses Schicksal wird in den kommenden zehn Jahren möglicherweise auch die Wahrzeichen der asiatischen Fauna – Tiger und Orang-Utan – treffen. Dennoch gibt es Möglichkeiten, dies zu verhindern. Asien verfügt wie kaum ein anderer Kontinent über ein ausgedehntes Netzwerk an Nationalparks, darüber hinaus kann der Ökotourismus die wirtschaftlichen Voraussetzungen dafür schaffen, dass es für die dort lebenden Menschen profitabler ist, Tiere und Umwelt zu schützen, anstatt sie immer mehr auszubeuten, um das eigene Überleben zu sichern. Die Abholzung schreitet mancherorts zwar mit Riesenschritten voran, an anderen Orten entstehen jedoch Initiativen zum Schutz der Umwelt und zur Wiederaufforstung der Wälder.

UNTEN **Ein Panzernashorn grast im Kaziranga-Nationalpark, einem der letzten Refugien dieser Spezies.**

18. Die Schneeleoparden von Ladakh

GEGENÜBER **Blauschafe stehen bevorzugt auf dem Speiseplan der Schneeleoparden; beide Tierarten leben in einer der menschenfeindlichsten Gegenden der Welt. Die Schafe klettern geschickt über fast nackte Felsen und grasen auf schmalen Bergkämmen sowie auf Hochgebirgsweiden.**

UNTEN **Diese Aufnahme eines männlichen Schneeleoparden entstand durch eine versteckte Kamera im Hemis-Nationalpark. Die Forscher verwenden solche Kameras, um die Tiere zu beobachten, ohne sie zu stören, und die Populationszahlen zu schätzen.**

Einige Tiere haben in unserer Vorstellung einen geradezu mystischen Status erlangt. Sie leben in so abgeschiedenen und unzugänglichen Gegenden, dass kaum jemand sie je zu Gesicht bekommt, und scheinen willkürlich aufzutauchen und wieder zu verschwinden. Der Schneeleopard *(Uncia uncia)* ist ein solches Tier. Die seltene und scheue Raubkatze zu beobachten wird nicht zuletzt durch ihr weißes bis cremefarbenes Fell mit den hell- oder dunkelgrauen Flecken erschwert, mit dem sie sich in ihrer felsigen, verschneiten Umgebung perfekt tarnt. Sie ist in einigen Teilen der Bergregionen Zentralasiens heimisch und gehört zu den am schwersten auffindbaren Tieren der Welt. Selbst spezialisierte Feldforscher können monate- oder sogar jahrelang nach ihr suchen, ohne sie ein einziges Mal zu sehen. Dennoch gibt es Orte, an denen die Chance, einem Schneeleoparden zu begegnen, größer ist als an anderen – und sei es nur, weil man weiß, dass eine größere Population der Tiere dort lebt.

Zu diesen Orten gehört auch der Hemis-Nationalpark im nordindischen Ladakh. Er wurde 1981 gegründet, ist rund 3350 Quadratkilometer groß und nach Hemis Gompa benannt, einem nahe gelegenen buddhistischen Kloster. Er erstreckt sich über das Markha- und Rumbak-Tal bis zum Zanskar-Fluss und liegt zwischen 3300 und 6000 Meter über dem Meeresspiegel; das Klima hier ist extrem, die Temperaturen sinken im Winter auf – 20 °C, der geringe Niederschlag fällt meist als Schnee. Vor schneebedeckten Gipfeln dehnt sich eine unfruchtbare, kalte Wüste mit vereinzelten Busch-, Steppe- oder Waldlandschaften in den Talsohlen aus. Die wenigen Menschen – meist Schaf- und Ziegenhirten oder Bauern – kämpfen in der feindlichen Umgebung ums Überleben.

Seit mehr als 20 Jahren steht Hemis, die Heimat zahlreicher Himalayatiere, nun schon im Mittelpunkt der Schneeleopardenforschung. Der Park bietet den Tieren nahezu ideale Lebensbedingungen: felsiges, zerklüftetes Terrain mit vielen Klippen, Spalten und Bergkämmen, dazu ein reiches Angebot an Beute. Vier Arten von Wildschafen und -ziegen gibt es hier, darunter auch etwa 3000 Tiere des von den Schneeleoparden bevorzugten Blauschafs oder Bharals *(Pseudois nayaur)*, die sich von den üppigen Sommergräsern auf den natürlichen Bergterrassen ernähren. Dort jagen die Schneeleoparden, indem

sie ihrer Beute geduldig auflauern, bis diese nahe genug herankommt. Nach einem kurzen Sprint töten sie die Beute mit einem Biss in den Nacken oder in die Kehle. Sind sie ungestört, nehmen sie sich zwei bis drei Tage Zeit, um das Beutetier zu verzehren. Sie bleiben in der Nähe des Kadavers und schützen ihn so lange vor Aasfressern wie Geiern, bis sie satt sind.

Wie viele Schneeleoparden im Park leben, weiß man nicht genau; man schätzt jedoch, dass es ungefähr 100 sind. Die Anwesenheit der schwer auffindbaren Tiere kann man oft nur anhand von Spuren wie Exkrementen oder Reviermarkierungen feststellen, die man im Gegensatz zu den Tieren häufig sieht. Bei der Erforschung der Schneeleoparden haben sich versteckt installierte Kameras als sehr nützlich erwiesen, anhand derer man nachvollziehen kann, wohin die Tiere ziehen und ob sie sich erfolgreich paaren. Genaue Zahlen zu erhalten ist jedoch auch deshalb schwierig, weil die Reviere der einzelnen Tiere sich ständig verändern und auch nicht so vehement verteidigt werden wie bei anderen Großkatzen; meist teilen sich mehrere Schneeleoparden ein gemeinsames Revier. Auch die Reviergröße ist flexibel; bei ausreichend vorhandener Beute kann es nur 30 bis 40 Quadratkilometer groß sein, bei spärlichem Nahrungsangebot bis zu 1000 Quadratkilometer. Schneeleoparden sind ausgesprochen mobil und können in einer einzigen Nacht Strecken von 20 Kilometern und mehr zurücklegen.

Schneeleoparden stehen zwar unter Artenschutz; diesen auch konsequent durchzusetzen ist aufgrund des Lebensraums des Tiers jedoch schwierig. Einerseits profitiert die Art davon, dass sie in politisch heftig umstrittenen Gegenden Verbreitung findet, zu denen man nur beschränkten Zugang hat. Andererseits gibt es Beweise dafür, dass das Tier in den meisten, wenn nicht allen der zwölf Länder, in denen es vorkommt, illegal gejagt wird – wegen seines Fells, wegen bestimmter Körperteile, die in der Traditionellen Chinesischen Medizin Anwendung finden, oder schlicht wegen der Bedrohung, die es für das Vieh der Bauern darstellt. Die Verluste an Kühen, Schafen und Ziegen in der Gegend sind hoch, und oft macht man den Schneeleoparden dafür verantwortlich. Aus diesem Grund konzentrieren sich Umweltschützer immer mehr darauf, raubtiersichere Pferche für das Vieh zu entwickeln, um solche Konflikte zu vermeiden. In zahlreichen Regionen Nepals und Ladakhs hat man mit dieser Methode bereits Erfolg gehabt.

Doch auch die sinkende Anzahl der Beutetiere gefährdet den Schneeleoparden. Diese werden entweder selbst übermäßig gejagt oder auf ihrem Hochgebirgsweideland vom Vieh der Bauern verdrängt. Ein Grund mehr, Strategien zu entwickeln, die die Interessen der Menschen und Tiere miteinander verbinden – etwa in Form des Ökotourismus, der die Tiere schützt und den Einheimischen Einnahmequellen eröffnet. Wie ein Damoklesschwert droht auch noch die globale Erwärmung: Die Gletscher schwinden, Überflutungen nehmen zu, der Lebensraum des Schneeleoparden verändert sich zusehends. Die weltweite Gesamtpopulation des Schneeleoparden umfasst 4000 bis 7000 Einzeltiere, die jedoch nur sehr versprengt verbreitet sind. Ein Besuch im Hemis-Nationalpark lohnt immer, obwohl die Chance, dabei einen Schneeleoparden zu sehen, so gering ist. Es ist irgendwie schon aufregend zu wissen, dass es ihn dort gibt.

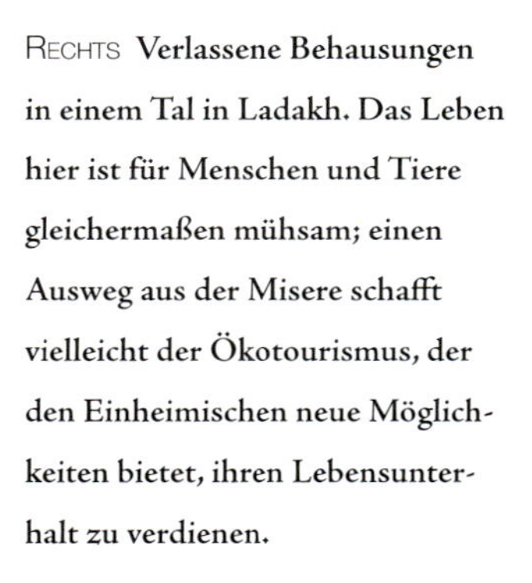

RECHTS **Verlassene Behausungen in einem Tal in Ladakh. Das Leben hier ist für Menschen und Tiere gleichermaßen mühsam; einen Ausweg aus der Misere schafft vielleicht der Ökotourismus, der den Einheimischen neue Möglichkeiten bietet, ihren Lebensunterhalt zu verdienen.**

OBEN Diese seltene Aufnahme zeigt einen weiblichen Schneeleoparden mit zwei Jungen. Entlang der häufig genutzten Routen hat man Kameras postiert; das Blitzlicht scheint die Großkatzen wenig zu stören.

LINKS Felsiges, oft auch schneebedecktes Terrain ist ideal für den Schneeleoparden. Das gefleckte Fell dient als perfekte Tarnung: vielleicht mit ein Grund, warum man die Tiere in freier Wildbahn so selten entdeckt.

GEGENÜBER Taman Negara gehört zu den größten Regenwaldschutzgebieten Südostasiens; hier kann man viele wunderbare exotische Tiere sehen.

LINKS Alle großen Säugetiere in Taman Negara sind sehr scheu, auch der Schabrackentapir. Das nachtaktive Tier ist ein Einzelgänger, am ehesten findet man es in der Nähe von Gewässern.

19. Taman Negara: Der älteste Regenwald der Welt

Aufgrund von Pflanzenfossilien, die man auf die Zeit von vor 130 Millionen Jahren datiert, erhebt Taman Negara wohl zu Recht Anspruch darauf, der älteste Regenwald der Welt zu sein. 1938 erklärte man ihn zum ersten Nationalpark der damaligen Kolonie Malaya; heute ist er eines der wichtigsten Naturschutzgebiete im unabhängigen Staat Malaysia und spielt eine zentrale Rolle in dem Beitrag, den das Land zum globalen Umweltschutz leistet. Übersetzt bedeutet *taman negara* einfach »Nationalpark«. Er ist Teil eines zusammenhängenden Waldgebiets, das sich über die Malaiische Halbinsel bis nach Thailand erstreckt. Er selbst ist zwar 4343 Quadratkilometer groß, grenzt aber unmittelbar an benachbarte, mehr als doppelt so große Waldreservate; der Lebensraum, der den Tieren hier dadurch zur Verfügung steht, umfasst insgesamt rund 13 000 Quadratkilometer.

Taman Negara ist unberührter Regenwald in seiner reinsten Form. Kommt man an einem der Hauptzugangswege des Parks an, sieht man riesige Flächen mit tropischen Harthölzern, die von Kletterpflanzen oder Würgefeigen überwuchert sind. Die Flora des Parks weist eine unglaubliche Vielfalt auf, die in erster Linie durch die verschiedenen Landschaftsformen zustande kommt. Am tiefsten Punkt im Park befindet man sich lediglich 60 Meter über dem Meeresspiegel, generell ist die Umgebung jedoch eher hügelig; Gunung Tahan, der höchste Berg – sowohl des Parks als auch der Malaiischen Halbinsel –, erreicht eine Höhe von 2187 Metern. Man schätzt, dass es 14 000 verschiedene Pflanzenarten in Taman Negara gibt – so viele wie sonst fast nirgends auf der Welt. In den Niederungen dominieren von Flügelfruchtbäumen bewachsener Regenwald und – in der Nähe der vielen Flüsse und Ströme – Feuchtwälder; in höheren Lagen finden sich Gebirgswälder mit Eichen und Nadelbäumen sowie strauchigem Unterholz, das überwiegend aus Rotang- und anderen Palmen besteht. Noch weiter oben, bei etwa 1500 Metern ü. d. M., folgen Nebelwald, dessen Feuchtigkeit das Wachstum von Moosen und Farnen begünstigt, und anschließend Heidekrautgewächse, kleine Fächerpalmen und Hochgebirgsrhododendren.

Regen kann das ganze Jahr über fallen, in höheren Lagen beträgt die jährliche Niederschlagsmenge durchschnittlich 3800 Millimeter. Die Vegetation ist entsprechend üppig, der Wald tief und undurchdringlich. Straßen gibt es im Park fast keine, Zugang hat man nur zu Fuß. Dies ist streckenweise recht beschwerlich und manchmal sogar unmöglich; doch ist es gerade diese Unzugänglichkeit, die Taman Negara zu einem solchen Tierparadies macht. Illegale Eindringlinge und Wilderer gibt es glücklicherweise selten, weshalb sich auch große Säugetiere wie der Asiatische Elefant *(Elephas maximus)*, das Sumatra-Nashorn *(Dicerorhinus sumatrensis)* und der Tiger *(Panthera tigris)* beständig im Park aufhalten. Am besten kann man Taman Negara per Boot auf dem Tahan-Fluss erkunden.

Wer Tiere im Tiefland-Regenwald beobachten will, muss früh aufstehen, noch vor Sonnenaufgang. Lange schlafen kann man ohnehin nicht, da man durch die Schreie der Gibbons geweckt wird. Ein sehr früher Ausflug in den Wald bietet zudem die Möglichkeit, auch einmal die sehr scheuen nachtaktiven Tiere zu Gesicht zu bekommen, die von der Jagd zurückkehren, etwa das Kurzschwanzstachelschwein *(Hystrix brachyura)* oder den Fleckenmusang *(Paradoxurus hermaphroditus)*, eine Schleichkatzenart.

Wenn die Sonne aufgeht, setzt auch der Chor der tropischen Vögel ein. Die Vielfalt und Lautstärke der Geräusche ist überwältigend; dazu gehören auch die Rufe und das Flügelschlagen der Nashornvögel, die mit mehreren Arten im Park vertreten sind. Ein besonders auffälliges und unverwechselbares Geräusch gibt der Argusfasan *(Argusianus argus)* von sich; erstaunlicherweise sieht man den großen Vogel kaum, wenn er sich über den Waldboden fortbewegt. Den sehr lauten Ruf des Männchens, mit dem es sein Revier markiert, kann man allerdings schlicht nicht überhören.

Am Vormittag ist das Leben im Wald beträchtlich ruhiger, wenn vor allem die Vögel nach Nahrung suchen. Zu dieser Zeit bietet sich ein Spaziergang durch das oberste Stockwerk des Regenwalds bei Kuala Tahan an. Dieser längste »Hängepfad« der Welt befindet sich in 30 Meter Höhe – die ideale Gelegenheit, den Vögeln »Auge in Auge« zu begegnen. Eine weitere vielversprechende Möglichkeit, in Taman Negara Tiere zu beobachten, bietet eine Übernachtung in einem Lager in der Nähe der Salzlecken. Zwar kann die Begegnung mit einem Tier nicht garantiert werden, doch stehen die Chancen hier am besten, sehr scheue Tiere wie den Schabrackentapir *(Tapirus indicus)* oder den Malaienbär *(Helarctos malayanus)* zu sehen.

Große Säugetiere gibt es in Taman Negara zwar nur in kleiner Zahl, sie kommen nur vereinzelt vor und sind selten zu sehen; doch bleiben die Populationen der wichtigsten Spezies im Park konstant und scheinen sogar zu gedeihen. Insbesondere für den stark gefährdeten Indochinesischen Tiger *(Panthera tigris corbetti)* stellt Taman Negara ein letztes Refugium dar, der Park gehört zudem zu den zehn Stätten, die für das Überleben des Tigers generell von entscheidender Bedeutung sind. Aufnahmen mit versteckten Kameras belegen, dass es derzeit etwa 100 Tiger in Taman Negara gibt und dass ihre Population glücklicherweise stabil ist. Doch auch dieses Naturparadies ist mit Problemen behaftet. Um den Park herum entstehen immer mehr neue Straßen, und auch die Abholzung in der Region nimmt zu; damit könnten das empfindliche ökologische Gleichgewicht gestört und Wilderei zum Problem werden.

UNTEN **Das Sumatra-Nashorn gehört schon jetzt zu den seltensten Säugetieren der Welt. In ihrem Verbreitungsgebiet kommen die Tiere nur vereinzelt vor.**

GEGENÜBER OBEN **In Taman Negara gibt es eine große Anzahl von Nashornvögeln, die man von dem »Hängepfad« aus manchmal gut beobachten kann. Dies hier ist ein weiblicher Furchenhornvogel (*Aceros undulatus*).**

GEGENÜBER UNTEN **Der Argusfasan ist für sein Leben auf dem Boden des Regenwalds perfekt getarnt. Meist hört man den Vogel eher, als dass man ihn sieht. Dies gilt für fast alle Waldvögel – der Beobachter braucht Glück und Geduld.**

20. Gir: Letztes Refugium des Asiatischen Löwen

Bis zur ersten Hälfte des 19. Jahrhunderts bevölkerte der Asiatische Löwe *(Panthera leo persica)* den Großteil Südwestasiens; er war von der Türkei östlich bis nach Indien weit verbreitet. Früher gab es ihn sogar im südöstlichen Europa, Anfang des 20. Jahrhunderts führten exzessive Jagd und die Zerstörung des Lebensraums jedoch zum Niedergang der weltweiten Population. Zu dieser Zeit gab es nur noch eine Handvoll Löwen im Gir-Nationalpark auf der Saurashtra-Halbinsel im indischen Gujarat. Sie standen unter dem Schutz des Nawab von Junagadh und konnten sich allmählich wieder erholen; ihre Zahl stieg auf über 350. All diese Tiere leben jedoch nach wie vor in Gir, was viele Fragen des Umweltschutzes aufgeworfen und zu hitzigen Debatten und Kontroversen über die Zukunft der Löwen geführt hat.

Genetisch unterscheidet sich der Asiatische zwar vom Afrikanischen Löwen, äußerlich sind sich die beiden Arten allerdings sehr ähnlich. Es gibt jedoch auch hier Unterschiede: Die Asiatischen Löwen sind in der Regel etwas kleiner als ihre afrikanischen Verwandten; die Männchen haben meist kürzere Mähnen, insgesamt jedoch ein struppigeres Fell – insbesondere das Fell an Schwanzspitzen und Ellenbogen ist länger. Sowohl Männchen als auch Weibchen haben eine längs verlaufende Hautfalte am Bauch, die man beim Afrikanischen Löwen vergebens sucht. Und obwohl beide Arten geselliger Natur sind, bilden Asiatische Löwen kleinere Rudel, vor allem die Männchen halten sich generell eher etwas abseits.

Der Gir-Nationalpark – auch bekannt als Gir Protected Area (GPA) – bildet eine isolierte, hügelige Insel in einer ansonsten flachen Landschaft. Die Oase naturbelassener Vegetation ist von einem Meer aus Äckern und Siedlungen umgeben und besteht aus Mischlaub- und Dornenwald sowie zahlreichen Flüssen – ideale Lebensbedingungen für Löwen. Auch viele Huftiere leben hier, darunter Sambar *(Cervus unicolor)*, Axishirsch *(Axis axis)*, Nilgauantilope *(Boselaphus tragocamelus)* und Wildschwein *(Sus scrofa cristatus)*. All diese Arten stehen seit jeher auf dem Speiseplan der Löwen; dennoch machen diese in letzter Zeit zunehmend Jagd auf das Vieh, das in der Umgebung des Parks weidet.

Bemerkenswert an den in Gir lebenden Löwen – und das hat vermutlich auch ihr Überleben gesichert – ist, dass sie an den Menschen gewöhnt sind. Das bedeutet, dass sie ihn zwar zur Kenntnis nehmen, ihm aber eher gelangweilt aus dem Weg gehen. So konnten die Löwen und die in der Gegend ansässigen Maldhari-Hirten Seite an Seite friedlich nebeneinander existieren. Die Löwen holten sich zwar von Zeit zu Zeit ein Stück Vieh, dafür wurden die Maldhari aber von der Regierung entschädigt.

In den letzten Jahren ist diese friedliche Beziehung jedoch problematisch geworden. Die rund 20 000 Tiere der Maldhari grasen die Vegetation erbarmungslos ab, womit der natürlichen Beute der Löwen die Nahrungsgrundlage entzogen wird. Das hat wiederum zur Folge, dass die Löwen ihr Kerngebiet verlassen und in die umgebenden Siedlungen eindringen, wo die Menschen weniger an die Raubkatzen gewöhnt sind und Angst vor ihnen haben. Andere Faktoren erschweren die Situation. Beispielsweise ist die GPA von drei Straßen und einer Eisenbahnlinie durchzogen – leider sind auch schon Löwen und andere Tiere überfahren worden –, und die Tempel im Schutzgebiet ziehen jährlich bis zu 100 000 Pilger an.

Obwohl Gir also so überaus erfolgreich dabei war, den Asiatischen Löwen vor dem Aussterben zu retten, muss noch viel unternommen werden, um die Zukunft der Tiere endgültig zu sichern. Die rund 350 verbleibenden Löwen auf ein so enges Gebiet zu beschränken mindert die Gefährdung der Spezies sicherlich nicht. Zum einen könnte eine Naturkatastrophe die Löwen mit einem Schlag auslöschen, zum anderen herrschen in der Population eine zu geringe genetische Variabilität und eine zu hohe Inzuchtrate. Schließlich stellt auch das Vieh der Bauern eine Bedrohung dar, da es Krankheiten übertragen könnte.

GEGENÜBER OBEN **Die Löwen von Gir hegen im Allgemeinen kein großes Misstrauen gegen Menschen, was ihnen im März 2007 zum Verhängnis wurde, als Wilderer zwei Löwinnen und ein Junges töteten. Man hatte den Tieren Klauen und Knochen entfernt, die vermutlich in der chinesischen Medizin Verwendung fanden.**

GEGENÜBER UNTEN **Dieser männliche Axishirsch gehört zu der am häufigsten vorkommenden Wildart in Indien und findet weite Verbreitung. Er ist sowohl an ein Leben im Wald als auch in der Savanne und im Busch angepasst.**

Die Umsiedlung der Maldhari und ihres Viehs würde die Probleme zwar lösen, wäre jedoch eine sehr kostspielige Maßnahme und ist darüber hinaus politisch umstritten. Verständlich ist auch, dass die Maldhari-Hirten ungern eine der wenigen Gegenden Indiens verlassen, in denen sie noch ihrer traditionellen Lebensweise nachgehen können. Denkbar wäre auch eine Umsiedlung von etwa 30 Asiatischen Löwen in das Palpur-Kuno-Schutzgebiet in Madhya Pradesh, wo man eine zweite frei lebende Population schaffen könnte. Auch ein Zuchtprogramm mit gefangenen Tieren, an dem Zoos der ganzen Welt teilnehmen, könnte das Überleben der Art in freier Wildbahn sichern, da damit die Möglichkeit der Wiederauswilderung und die Schaffung eines neuen Genpools gegeben wäre. Im Moment ist es allerdings allein der Gir-Nationalpark, der uns die Chance bietet, den Asiatischen Löwen in freier Natur zu bewundern.

GEGENÜBER **Die männlichen Asiatischen Löwen haben in der Regel kleinere Mähnen als ihre afrikanischen Verwandten, dafür aber ein zottigeres Fell und eine charakteristische Bauchfalte.**

OBEN **Eine Löwin mit zwei fast ausgewachsenen Jungen. Etwa ein Drittel der Jungtiere stirbt im ersten Jahr, danach sinkt die Sterblichkeitsrate und die Tiere leben 16 bis 18 Jahre lang.**

21. Oman: Projekt Arabische Oryx

Frühe Arabienreisende berichteten nach ihrer Rückkehr von einem sagenhaften Tier, das sie dort gesehen hatten und das dem Einhorn ähnelte. Es lebte – ganz weiß und mit nur einem einzigen Horn auf der Stirn – in abgeschiedenen Wüsten, die noch nie ein Fremder betreten hatte. Erst die europäischen Naturforscher, die Arabien im 18. Jahrhundert näher erkundeten, stellten eine Verbindung zwischen dem angeblich gesichteten Fabelwesen und der Arabischen Oryx *(Oryx leucoryx)* her. Doch während diese Antilopenart tatsächlich weiß mit dunkleren Zeichnungen im Gesicht und an den Beinen ist, hat sie doch zwei lange Hörner, die im Profil allerdings wie ein einziges aussehen.

Die Arabische Oryx war in den trockenen Einöden des Mittleren Ostens und der Arabischen Halbinsel einst weit verbreitet und ist deshalb bestens an wüstenähnliche Bedingungen angepasst. Ihr weißes Fell reflektiert das Licht und sorgt im Sommer für Kühlung. Während der kälteren Wintermonate richten sich die Haare des Fells auf und zeigen die dunklere Haut darunter, die wiederum die dringend benötigte Wärme der Sonne speichert. Die Oryx ist beständig auf der Suche nach Wasser und Gras; erleichtert wird ihr dies durch die breiten Hufe, mit denen sie sich auch auf weichem Sand gut fortbewegen kann.

In der ersten Hälfte des 20. Jahrhunderts haben sich das Aufkommen motorisierter Fahrzeuge und die weitere Verbreitung von Schusswaffen in Arabien als fatal für die Oryx und andere Tiere erwiesen. Gepard *(Acinonyx jubatus)* und Arabischer Strauß *(Struthio camelus syriacus)* wurden ausgerottet, Gazellen und Oryx durch Jagd stark dezimiert. In den 1960er Jahren gab es nur noch eine Handvoll Oryxantilopen in einer abgelegenen Ecke des Sultanats Oman; das letzte Tier wurde 1972 bei der Jagd erschossen. Zu dieser Zeit hatte man eine kleine Population der Arabischen Oryx in den US-amerikanischen Phoenix-Zoo verbracht, mit dem Ziel, sie wieder auszuwildern, wenn sich die Bedingungen in ihrem Heimatland gebessert hätten. Der Ort, den man sich für die Wiederauswilderung

LINKS UND OBEN **Obwohl das weiße Fell der Arabischen Oryx die Sonne reflektiert, sucht das Tier wenn möglich dennoch Schatten auf. Die Oryx ist optimal an das Leben in der Wüste angepasst; auf der Suche nach Gras und Wasser legt sie riesige Entfernungen zurück.**

des Tiers – das Projekt wurde unter dem Namen »White Oryx Project« bekannt – ausgesucht hatte, war Jiddat al-Harasis, ein abgeschiedenes, ausgedehntes Plateau im Herzen von Oman, am Rande der legendären Sandwüste Rub al-Khali. Die Landschaft hier ist von riesigen Schotterebenen geprägt und für den dichten frühmorgendlichen Nebel berühmt, der die spärliche Vegetation zumindest mit etwas Feuchtigkeit tränkt. Diese Bedingungen sind für die Oryx ideal; das Tier ernährt sich überwiegend von feuchten Blättern und braucht deshalb wenig »richtiges« Wasser zum Trinken – im Notfall kommt es sogar mehrere Wochen ohne Wasser aus.

1980 brachte man fünf Arabische Oryxantilopen nach Oman zurück; bis zur Mitte der 1990er Jahre wuchs diese kleine Population unter sorgsamem Schutz auf über 400 Tiere heran, die Seite an Seite mit der Arabischen Berggazelle *(Gazella gazella cora)* lebten. Dann jedoch brach eine Katastrophe herein. Der Erfolg des Projekts brachte es mit sich, dass man die vielen Tiere, die sich in Gruppen in einem rund 3000 Quadratkilometer großen Gebiet frei bewegten, nicht mehr so gut im Auge behalten konnte. Organisierte Banden von Wilderern drangen in die Region ein und verschleppten die Tiere, meist im Auftrag wohlhabender Privatzoos. Viele der Tiere starben bei der Gefangennahme oder bei dem nachfolgenden Versuch, sie durch die Wüste aus Oman hinauszuschmuggeln.

Heute gibt es nur noch rund 100 Arabische Oryxantilopen im Jiddat, alle unter strenger Aufsicht in einem geschützten Gebiet. Leider gibt es in der ursprünglichen Herde nur noch wenige Weibchen, da sich die Wilderer auf weibliche Tiere konzentriert hatten, die ihre Auftraggeber zur Zucht brauchten. Nach mehreren Jahren des Erfolgs steht das Projekt Arabische Oryx nun also vor dem Aus. Glücklicherweise konnte man die Arabische Oryx auch andernorts wieder ansiedeln, etwa in Saudi Arabien, den Vereinigten Arabischen Emiraten sowie in Jordanien und Israel, doch hängen die Erfahrungen in Oman wie ein Damoklesschwert über derlei Bemühungen. Die Nachfrage nach gefangenen Tieren ist immer noch groß und die Zukunft der Art in freier Wildbahn ungewiss.

Ungeachtet dieser Rückschläge ist Oman immer noch einer der besten Orte in Arabien, wo man Tiere beobachten kann. Im Jiddat al-Harasis gibt es eine der letzten brütenden Populationen der Kragentrappe *(Chlamydotis undulata)*; der Vogel ist durch exzessive Jagd in seinem Bestand stark gesunken. Am Steilabbruch von Huqm gegenüber der Ostseite des Jiddat leben Herden des Syrischen Steinbocks *(Capra ibex nubiana)*; darüber hinaus ist im ganzen Gebiet der Karakal *(Caracal caracal)* heimisch, der reichlich Beute unter der örtlichen Gazellenpopulation findet, die zur größten im gesamten Mittleren Osten zählt. In den Bergen im Norden und Süden des Sultanats lebt eine kleine Anzahl des sehr scheuen und gefährdeten Arabischen Leoparden *(Panthera pardus nimr)*, der mittlerweile Bestandteil eines Zuchtprogramms ist, das ihn vor dem Aussterben retten soll.

OBEN **Der Bestand des Arabischen Leoparden, eine der kleinsten Leopardenunterarten, ist besorgniserregend niedrig geworden. Auf der Arabischen Halbinsel gibt es weniger als 100 dieser Tiere, eine der wenigen lebensfähigen Populationen existiert in Oman.**

GEGENÜBER **Die Arabische Berggazelle ist in den Gegenden, in denen sie Schutz genießt, zwar immer noch recht weit verbreitet, doch hat auch sie – ebenso wie alle größeren Säugetiere – in den letzten Jahren stark unter der illegalen Jagd gelitten.**

LINKS **Der Syrische Steinbock ist in den Bergregionen von ganz Arabien heimisch. Die ausgewachsenen Männchen haben prächtig geschwungene Hörner, die einst als Jagdtrophäen heiß begehrt waren. Die Hörner tauchen auch als Motiv in vielen alten arabischen Verzierungen auf.**

22. Die Tiger von Kanha

Der Kanha-Nationalpark liegt im tiefsten Inneren Indiens und gehört zu den schönsten Nationalparks in ganz Asien. In seinem Herzen befindet sich ein wunderschönes Tal, in dem sich Salwälder, Bambusdickichte, von Sträuchern bewachsene Bergkämme und offenes Grasland, die sogenannten *maidans*, abwechseln. So stellt man sich das ursprüngliche Indien vor, die klassische Kulisse für Mowgli, Baloo, Bagheera und Shere Khan, die Rudyard Kipling in seinem *Dschungelbuch* unsterblich gemacht hat.

Kanha ist nicht zuletzt wegen seiner gesunden Populationen großer Säugetiere so berühmt; das ehemalige Jagdrevier für die Reichen wurde 1933 zum Schutzgebiet und 1955 schließlich zum Nationalpark erklärt. Frühe Umweltschutzmaßnahmen betrafen vor allem die in Zentralindien heimische Art des Hochlandbarasingas *(Cervus duvauceli branderi)*, der einst mit 66 Tieren nur noch in Kanha vertreten war. Die Hirschart gedeiht am besten in der Nähe von Wiesen, weshalb sich die Bemühungen der Parkverwaltung darauf konzentrierten, genau diesen Lebensraum zu schützen. Der Barasinga dankte es ihr mit steigenden Beständen: Heute gibt es über 500 dieser Tiere im Park, auf den nur spärlich mit Bäumen bewachsenen offenen Grasflächen kann man sie gut sehen. Sie ziehen zahlreiche andere Huftiere an, darunter vor allem den Axishirsch *(Axis axis)*, der in Indien sonst sehr selten zu sehen ist, da er weitaus häufiger in der ostafrikanischen Savanne vorkommt. Darüber hinaus gibt es auf den bewaldeten Bergkämmen von Kanha eine große Anzahl Gaur *(Bos gaurus)*; die wohl beeindruckendste Wildrindart kann man leicht an ihren auffälligen weißen »Socken« erkennen. In Kanha vertreten sind auch die auf der Welt einzigartige Vierhornantilope *(Tetracerus quadricornis)* und der meist nachtaktive Lippenbär *(Melursus ursinus)*.

Zu den Raubtieren in Kanha zählen der Leopard *(Panthera pardus)* und der Rothund *(Cuon alpinus)*, der Zoologen immer noch Rätsel aufgibt. Rothunde jagen tagsüber, meist in kleinen

LINKS **Eine Axishirschherde im frühen Morgendunst in Kanha. Bei Gefahr stoßen die Tiere einen typischen Warnruf aus, ein schrilles Pfeifen – meist das erste Zeichen, dass ein Tiger sich nähert.**

UNTEN **Die Chance, einen Tiger zu sehen, ist für viele Besucher der Hauptgrund, nach Kanha zu reisen. Leider sinkt auch hier – wie überall in Indien – die Population durch illegale Jagd.**

LINKS Tiger jagen normalerweise in der Morgen- und Abenddämmerung und verzehren ihre Beute anschließend in ein bis zwei Tagen. Je nach Größe des Beutetiers sind die Tiger nach einer erfolgreichen Jagd zwei bis drei Tage lang satt.

Oben **Gaurherden sind in Kanha ein typischer Anblick; die Tiere meiden allerdings die offenen Flächen und halten sich eher in Wäldern und Dickichten auf. Der Gaur ist die größte Wildrindart; ein ausgewachsener Bulle wiegt bis zu 1700 Kilogramm und erreicht eine Schulterhöhe von bis zu zwei Metern.**

Rudeln. Zu ihrer Beute gehören auch der Axishirsch und noch viel größere Tiere wie etwa der Gaur; bis vor 30 Jahren war der Rothund bei Wildhütern sehr unbeliebt, weil er die Wildbestände stark dezimierte. Heute akzeptiert man ihn als integralen Bestandteil der örtlichen Fauna; leider scheint die Anzahl der Rothunde jedoch zu sinken. Ihre Zugrouten sind selbst für Experten schwer nachvollziehbar; meist halten sie sich eine Weile in einer Gegend auf, bevor sie für viele Monate spurlos verschwinden. Dieses Verhalten trägt natürlich ebenfalls zum rätselhaften »Image« der Tiere bei; die plötzliche Begegnung mit einem Rothund ist ein aufregendes Erlebnis.

Der Höhepunkt eines Besuchs in Kanha ist zweifelsohne jedoch, sein größtes Raubtier, den Tiger *(Panthera tigris)*, zu sehen – entweder im frühen Morgendunst auf den *maidans* oder in der Mittagshitze im Schatten spendenden Bambusdickicht. Neben dem nordwestlich gelegenen Bandhavgarh-Nationalpark bietet Kanha die weltweit beste Gelegenheit, das eindrucksvolle Tier in freier Wildbahn zu Gesicht zu bekommen. Dafür sorgen die relativ große Population – offiziellen Schätzungen zufolge gab es im Juni 2006 mehr als 120 Tiger im Park – und die offene Landschaft; wer bei einem drei- bis viertägigen Besuch in Kanha keinen Tiger sieht, muss schon viel Pech haben. Manchmal sieht man sogar vier bis fünf verschiedene Tiger pro Tag; am nächsten kommt man den Tieren bei einem Elefantenritt.

Dies mag paradiesisch klingen, doch leider ist die Situation im Park nicht ganz so rosig, wie sie auf den ersten Blick erscheint. Die jüngsten wissenschaftlichen Forschungen ergaben, dass vermutlich nur noch etwa 35 bis 40 Tiger in Kanha leben; darüber hinaus gibt es auch besorgniserregende Anzeichen dafür, dass die Tigerpopulationen in anderen Teilen Indiens in einem kaum besseren Zustand sind.

Außerhalb Indiens ist die Situation sogar noch schlimmer. Insgesamt leben Tigerpopulationen innerhalb der Grenzen von 13 Nationen; im äußersten Osten Russlands ist der majestätische Sibirische Tiger *(P. t. altaica)* heimisch, in Indonesien die kleinste Unterart, der Sumatra-Tiger *(P. t. sumatrae)*.

Doch fast all diese Populationen haben mit der fortschreitenden Zerstörung ihres Lebensraums und mit illegaler Jagd zu kämpfen – die Zukunft ist düster. Die Tiere geraten an mehreren Fronten gleichzeitig unter Druck. Um zu gedeihen, brauchen sie große Gebiete, in denen sie sich frei bewegen können – was in fast allen Ländern in krassem Gegensatz zur wachsenden menschlichen Bevölkerung steht. Darüber hinaus beeinflusst der Mensch auch den Bestand der Beutetiere des Tigers. Infolgedessen sind viele Tigerpopulationen inzwischen nicht mehr überlebensfähig; meist sind die einzelnen Tiere über ein zu großes Gebiet verstreut. Dies trifft auf jeden Fall auf die Unterart des Südchinesischen Tigers *(P. t. amoyensis)* zu, dessen Zahl mittlerweile auf 25 bis 30 Tiere gesunken ist.

Nicht zuletzt hat auch die anhaltende Wilderei besorgniserregende Ausmaße erreicht. Wie hoch die Tötungsrate wirklich ist, weiß niemand genau; schätzungsweise sterben etwa ein Tiger pro Tag und 250 pro Jahr in Indien durch die Hand von Wilderern. Letztere sind vornehmlich auf verschiedene Körperteile des Tiers aus, die in der Traditionellen Chinesischen Medizin Verwendung finden. In den vergangenen Jahren tötete man die Tiere jedoch vermehrt auch wegen ihres Fells, das etwa in Tibet immer noch Bestandteil traditioneller Trachten ist. Glücklicherweise ist die Nachfrage auf einen Appell des Dalai Lama hin sowie aufgrund konzertierter Umweltschutzbemühungen gesunken, hat jedoch nicht ganz aufgehört. Alles in allem ist die Überlebenschance des Tigers in freier Wildbahn mehr als gering.

Oben **Rothunde sind tagaktiv und bei der Jagd meist sehr erfolgreich. Ihr Beutespektrum reicht von Jagdvögeln bis hin zu sehr großen Tieren wie dem Gaur und dem Wasserbüffel. Auch der Lebensraum des Rothunds ist vielfältig: von dichten Wäldern bis zu offenen Steppen.**

23. Am seidenen Faden: Die Orang-Utans von Borneo

Frühe europäische Reisende, die die undurchdringlichen Regenwälder Borneos und Sumatras besuchten, berichteten bei ihrer Rückkehr von einem außergewöhnlichen, langhaarigen roten Affen, den die Einheimischen Orang-Utan – wörtlich »Waldmensch« – nannten. Heute wissen wir, dass das Erbgut dieses Primaten, der an Größe nur vom Gorilla *(Gorilla gorilla)* übertroffen wird, zu 96 Prozent identisch mit dem des Menschen ist. Folglich ist der Orang-Utan einer unserer nächsten Verwandten.

Von diesem größten Affen außerhalb Afrikas gibt es zwei Unterarten: den Sumatra-Orang-Utan *(Pongo abelii)* und den Borneo-Orang-Utan *(Pongo pygmaeus)*. Die Sumatra-Primaten sind schlanker als ihre Verwandten in Borneo; die Tiere haben ein längeres Fell und längere Gesichter. Jede Unterart kommt ausschließlich auf der Insel vor, nach der sie benannt ist; um 1900 gab es wohl mehr als 300 000 Orang-Utans auf beiden Inseln zusammen. Davon haben nur rund 30 000 überlebt, die Populationen sind versprengt und zunehmend gefährdet. Orang-Utans leben fast ausschließlich auf Bäumen, meist in Regenwäldern des Tieflands und der mittleren Lagen. Die tagaktiven Tiere schlafen nachts in speziellen Nestern. Jedes Tier baut sich abends ein neues, etwa einen Meter breites eigenes Nest aus Zweigen und Blättern. Orang-Utans sind Einzelgänger und legen auf der Suche nach Nahrung – überwiegend Früchte – weite Strecken zurück. Einzig beim Festmahl an einem besonders schmackhaften Obstbaum – einer Wildfeige etwa – kann man sie in kleineren Gruppen beobachten.

Zwei der besten Plätze, an denen man frei lebende Borneo-Orang-Utans sehen kann, sind Sabah im Danum-Tal und die unteren Abschnitte des Kinabatangan-Flusses. Beide bieten den Primaten einen idealen Lebensraum, Sichtungen der Tiere kann man dennoch nicht garantieren. Dafür wird man mit zahlreichen anderen Tieren entschädigt. Das Danum-Tal-Schutzgebiet umfasst 438 Quadratkilometer – einer der letzten Flecken ursprünglichen Tiefland-Regenwalds auf Borneo. Riesige Flügelfruchtbäume mit nicht minder beeindruckenden Stützwurzeln, von Lianen und Epiphyten überwuchert, erheben sich bis weit über den Waldboden. Diese majestätische Architektur der Natur beherbergt Tausende von Lebensformen. Im Danum-Tal gibt es

Unten **Dass junge Orang-Utans uns so ansprechen, hat leider auch dazu geführt, dass der illegale Haustierhandel blüht. Die Mutter wird dabei meist getötet. Einige Waisen konnte man retten und erfolgreich wieder auswildern.**

Rechts **In den Wäldern am Kinabatangan-Fluss leben unzählige Nasenaffen. Die »mutigeren« von ihnen kann man manchmal dabei beobachten, wie sie in den Fluss springen und ans andere Ufer schwimmen.**

Links oben **Ein ausgewachsenes Borneo-Orang-Utan-Männchen. Bis zur Reife benötigen sie rund 15 Jahre, die älteren Tiere erkennt man leicht an ihrem größeren Gewicht, ihrer Massigkeit und der ausgeprägten Wangenpartie.**

Links unten **Den Großteil ihres Lebens verbringen Orang-Utans auf Bäumen, zur Futtersuche brauchen sie ein ausgedehntes Waldgebiet. Sie ernähren sich von bis zu 100 Fruchtarten, Rinde, Nüssen, Samen und Insekten.**

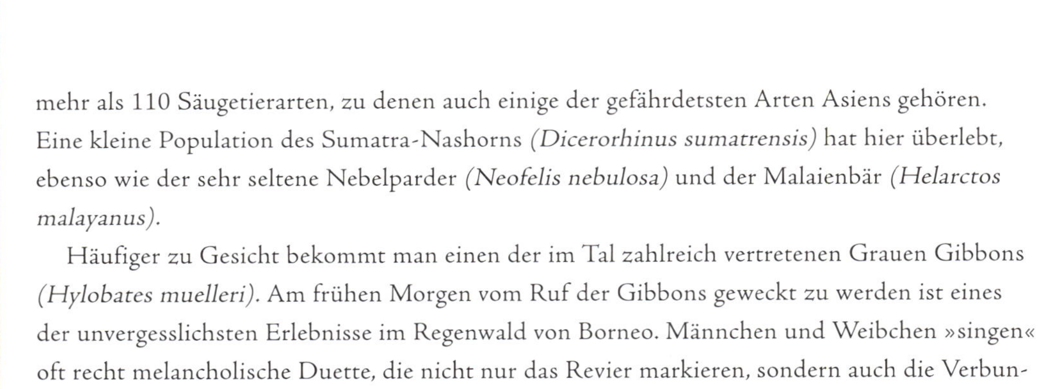

mehr als 110 Säugetierarten, zu denen auch einige der gefährdetsten Arten Asiens gehören. Eine kleine Population des Sumatra-Nashorns *(Dicerorhinus sumatrensis)* hat hier überlebt, ebenso wie der sehr seltene Nebelparder *(Neofelis nebulosa)* und der Malaienbär *(Helarctos malayanus)*.

Häufiger zu Gesicht bekommt man einen der im Tal zahlreich vertretenen Grauen Gibbons *(Hylobates muelleri)*. Am frühen Morgen vom Ruf der Gibbons geweckt zu werden ist eines der unvergesslichsten Erlebnisse im Regenwald von Borneo. Männchen und Weibchen »singen« oft recht melancholische Duette, die nicht nur das Revier markieren, sondern auch die Verbundenheit zwischen den Tieren stärken. Gibbons leben in kleinen Familienverbänden; atemberaubend sind ihre akrobatischen Sprünge und Sprints in den rund 25 bis 45 Meter hohen Baumkronen. Durch die beeindruckende Geschwindigkeit und Beweglichkeit hat man jedoch kaum eine Chance, eines der Tiere in Ruhe zu beobachten.

Der Kinabatangan-Fluss ist der längste Sabahs, sein Schwemmland gehört zu den tierreichsten Gegenden Borneos. Es besteht aus einer Mischung aus ufernahem Wald, Sumpf und Mangroven. Hier leben auch Orang-Utans, doch präsenter sind die unzähligen Nasenaffen *(Nasalis larvatus)*. Wie der Name schon sagt, zeichnen sie sich durch ihre bemerkenswert großen Nasen aus, deren genauer Zweck bis heute unklar ist. Die großen Primaten kommen nur auf Borneo vor, meist schließen sie sich zu Gruppen von 10 bis 30 Tieren zusammen. Die ausgezeichneten Schwimmer scheuen das Wasser nicht; einen guten Blick auf Nasenaffen kann man deshalb vom Boot aus erhaschen – entweder wie sie zum anderen Ufer schwimmen oder wie sie in den Bäumen am Ufer nach Nahrung suchen. Vom Boot aus sieht man vielleicht auch den Borneo-Zwergelefanten *(Elephas maximus 'borneensis')*, eine kleinere Unterart des Indischen Elefanten. Elefanten gibt es zwar auch im Danum-Tal, häufiger jedoch am Kinabatangan.

Doch die Zukunft der Elefanten, Orang-Utans und anderer Tiere Borneos ist mehr als ungewiss. Der kommerziellen – und meist illegalen – Abholzung sind in den letzten Jahrzehnten über 50 Prozent des inseleigenen Waldes zum Opfer gefallen. Schreitet die Zerstörung in diesem Tempo voran, wird es in der indonesischen Provinz Kalimantan im Jahr 2010 außerhalb der Schutzgebiete keinen ursprünglichen Wald mehr geben. Derzeit wird ein Großteil des Waldes gerodet, um Platz für Ölpalmenplantagen zu schaffen. An den unteren Flussabschnitten des Kinabatangan wurden aus diesem Grund schon 90 Prozent der Flügelfruchtbäume abgeholzt. Die Elefanten finden keine Nahrung mehr und dringen in die Plantagen vor – der Konflikt mit dem Menschen ist vorprogrammiert.

In einigen Teilen Borneos ist die illegale Jagd das Hauptproblem, ebenso wie die Verschleppung junger Orang-Utans für den Haustierhandel. Meist kommt man an die Jungen nur heran, indem man die Mutter tötet. Orang-Utans pflanzen sich von allen Primaten mit am langsamsten fort, die meisten Weibchen bringen in ihrer rund 45 Jahre dauernden Lebensspanne nur etwa drei Junge zur Welt. Die unausweichliche Folge: Der Bestand sinkt. Hinzu kommt die erwähnte Zerstörung ihres Lebensraums. Darauf ist denn auch das Hauptaugenmerk der Umweltschutzbemühungen auf Borneo gerichtet: einen genügend großen Lebensraum zu erhalten, damit sich die Population der faszinierenden Tiere wieder erholen kann.

OBEN Eine erblühende Rafflesie – von der Knospe (oben links) bis zur vollen, geöffneten Blüte (unten rechts).

KLAPPE MITTE Der Netzpython (*Python reticulatus*) ist in Südostasien weit verbreitet. Die Riesenschlange kann in Einzelfällen bis zu zehn Meter lang werden.

RECHTE KLAPPE Der Graue Gibbon ist auch stimmlich einer der ausdrucksstärksten Bewohner des Regenwalds.

LETZTE SEITE Der Nashornvogel (*Buceros rhinoceros*) hat ein ungewöhnliches Äußeres. In den Regenwäldern Borneos kommt er häufig vor.

24. Nashörner im Kaziranga-Nationalpark

Wie ein Urtier aus längst vergangenen Zeiten wirkt das Panzernashorn *(Rhinoceros unicornis)*, das seinen Namen ganz zu Recht trägt. Seine metallisch-graue Haut faltet sich zu Schichten auf, die wie übereinandergeschobene Platten wirken; im Profil erinnert es an einen Dinosaurier. Ein eindrucksvolles Tier, in jeder Hinsicht: Ausgewachsene Panzernashörner wiegen bis zu 3000 Kilogramm und erreichen eine Schulterhöhe von 1,70 Meter. Dennoch haben seine Dickhäutigkeit und sein manchmal aggressives Verhalten das Tier nicht davor geschützt, dem Jagdfieber des 19. Jahrhunderts zum Opfer zu fallen. Von den reichen Beständen, derer Indien sich einst rühmen konnte, ist kaum etwas übrig geblieben. Im frühen 20. Jahrhundert gab es im grasbewachsenen Schwemmland Nordindiens und Burmas nur noch etwa ein Dutzend Panzernashörner, die sich in den Sümpfen von Kaziranga und am mächtigen Brahmaputra versteckten, der Indiens nordöstlichste Provinz, Assam, durchzieht. Hier konnten sie – sorgsam geschützt – überleben; auch heute noch ist dies das letzte Refugium der gefährdeten Art. Rund 1500 Nashörner leben hier, der weltweite Bestand beträgt 2400 dieser Tiere.

Die überschwemmten Ebenen von Kaziranga, deren ufernahes Grasland an Wald grenzt, sind typisch für diese Landschaft vor der Szenerie meist dunstiger, schneebedeckter Himalaya-Berge. Während des Monsuns (Juni bis September) steigt der Wasserpegel dramatisch an; die Ufer werden überflutet, meist mit katastrophalen Folgen. Etwas weiter vom unmittelbaren Ufer entfernt ist die Vegetation üppig grün; hier wechseln sich Rattanrohrdickichte mit Elefantengras ab, das bis zu sechs Meter hoch werden kann, von großen Säugetieren wie Elefanten und Nashörnern jedoch problemlos »niedergewalzt« wird. Immergrüne Wälder erstrecken sich bis zum Fuß der Berge im Hintergrund. Diese wilde und ursprüngliche Landschaft wirkt durch den Morgennebel, der sich auf die Ebenen senkt, geradezu mystisch – die perfekte Umgebung für ein so urtümliches Tier wie das Panzernashorn.

VORHERGEHENDE SEITE **Nasenaffen leben in Gemeinschaften, in denen sich rund ein halbes Dutzend Weibchen um ein einziges Männchen scharen. Die Männchen erkennt man leicht an ihrer viel größeren Nase.**

OBEN **Der Bestand an Panzernashörnern ist in den vergangenen Jahrzehnten zwar gestiegen, Grund zur überschwänglichen Freude besteht dennoch nicht. Anfang 2007 beispielsweise wurden in Kaziranga sechs Nashörner von Wilderern getötet.**

RIGHT **Die Nashörner von Kaziranga verbringen den Großteil ihrer Zeit damit, auf den ufernahen Ebenen zu grasen; sie fressen auch Blätter von Sträuchern und Bäumen. Die Gewohnheitstiere bewegen sich meist auf denselben ausgetretenen Trampelpfaden.**

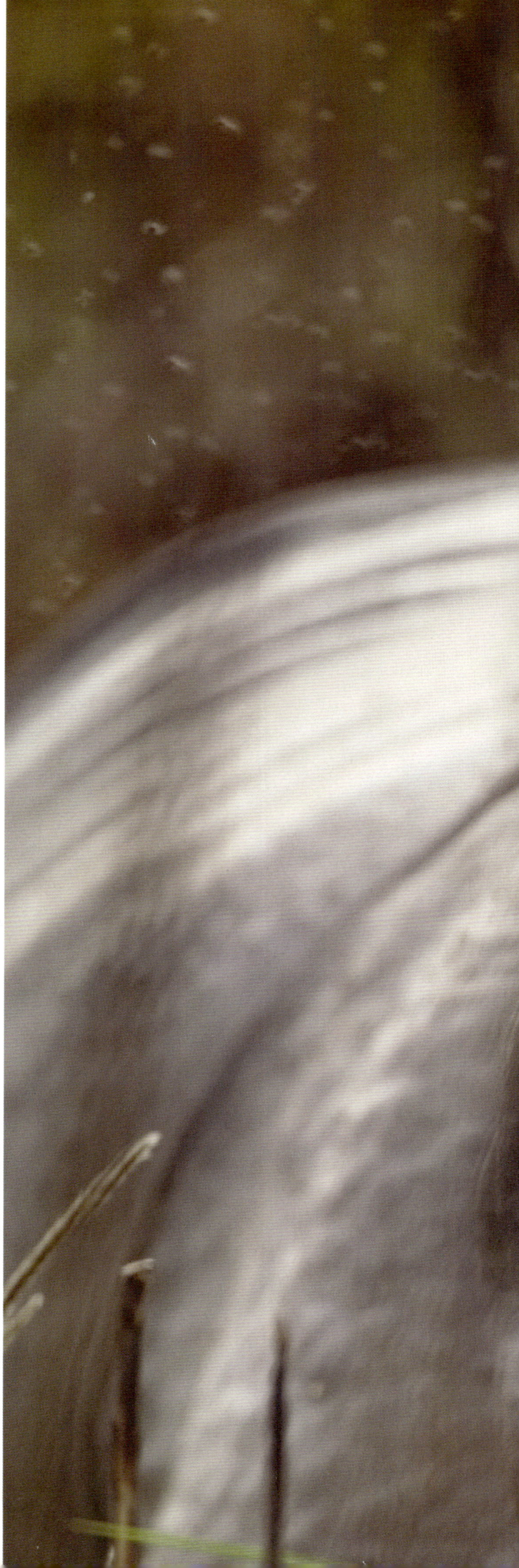

Oben **Im Kaziranga-Nationalpark und seiner Umgebung lebt auch eine ansehnliche Population Asiatischer Elefanten. In letzter Zeit wurden sie in ihrem Zugverhalten durch den Eingriff des Menschen jedoch erheblich gestört.**

Panzernashörner fühlen sich in Feuchtgebieten besonders wohl; Wasserpflanzen gehören zu ihrer bevorzugten Speise, bei Bedarf schwimmen die Tiere auch. Auf ufernahem Grasland sind sie deshalb häufiger zu finden, ebenso an den durch Überflutung entstandenen Seen oder *bheels,* in denen sie in der Sommerhitze Abkühlung suchen. Im Allgemeinen sind Nashörner Einzelgänger, an ihren bevorzugten Standorten kann man jedoch manchmal auch kleinere Gruppen beobachten. Trotz ihres Rufes, streitsüchtig und unberechenbar zu sein, sind die Nashörner in Kaziranga an Menschen und Autos gewöhnt; nähert man sich ihnen ruhig, etwa auf dem Rücken eines Elefanten, kommt man relativ nah an sie heran.

Nashörner haben nur einen natürlichen Feind – den Tiger *(Panthera tigris).* Dieser ist zwar nicht in der Lage, ein gesundes, ausgewachsenes Nashorn zu Fall zu bringen; dennoch versucht er von Zeit zu Zeit, ein Junges zu erwischen, indem er es von seiner Mutter trennt. Es gibt relativ viele Tiger im Park, im Vergleich zu anderen Schutzgebieten bekommt man sie in Kaziranga aufgrund des Terrains und der dichten Vegetation jedoch seltener zu Gesicht. Bedrohlicher für die Nashörner ist die illegale Jagd. Einst fielen bis zu 30 Tiere am Tag der Wilderei zum Opfer, in den letzten Jahren konnte man dem glücklicherweise einen Riegel vorschieben.

Der andere »Star« in Kaziranga ist der Wasserbüffel *(Bubalus bubalis).* Als Haustier ist er in ganz Indien kein seltener Anblick, von seinem frei lebenden Verwandten gibt es mittlerweile

jedoch nur noch wenige Exemplare, die unter strengem Schutz stehen. Der frei lebende Wasserbüffel hat viel breitere und längere Hörner als die domestizierte Variante und ist ausgesprochen scheu; in Kaziranga ist er jedoch an die Anwesenheit des Menschen gewöhnt. Da insbesondere die Bullen oft unberechenbar sind, empfiehlt es sich dennoch, einen gewissen Sicherheitsabstand einzuhalten. Bevorzugter Lebensraum des Wasserbüffels ist alluviales Grasland, was ihm insofern zum Verhängnis wurde, als dass gerade dieses wegen seines landwirtschaftlichen Werts besonders geschätzt wird.

Die Zerstörung des Lebensraums ist jedoch nur ein Faktor, der die Wasserbüffelpopulation gefährdet. Zudem führt die Kreuzung mit den domestizierten Wasserbüffeln zu einer Degeneration des Erbguts. Auf die in Kaziranga lebenden Tiere trifft dies zweifelsohne zu, möglicherweise gibt es schon in ganz Indien keinen reinrassigen wilden Wasserbüffel mehr. Nichtdestotrotz ist der Anblick der majestätischen Tiere, die Seite an Seite mit Nashörnern und wilden Elefanten grasen, Grund genug für einen Besuch im Kaziranga-Nationalpark. Die große Aufgabe für die Zukunft wird sein, das Ökosystem des Parks angemessen zu schützen. Der Druck von außen ist enorm; die wachsende Bevölkerung braucht immer mehr landwirtschaftlich nutzbares Land. Auch die Weiterentwicklung der Infrastruktur greift den Lebensraum an, den die größeren Säugetiere so dringend brauchen, wenn ein Großteil des Parks zur Monsunzeit überschwemmt ist.

OBEN **Der Wasserbüffel zählt zu den seltensten Säugetieren Indiens. Aufgrund zunehmender Zerstörung seines Lebensraums und Kreuzungen mit seinen domestizierten Verwandten ist auch seine Zukunft ungewiss. Mit ausgewachsenen Wasserbüffeln ist nicht zu spaßen – sie können sogar angreifende Tiger vertreiben.**

25. Leoparden und Elefanten in Yala

Der vielleicht beste Ort der Welt, an dem man Leoparden *(Panthera pardus)* in freier Wildbahn sehen kann, ist der Yala-Nationalpark. Bis zu 40 dieser Tiere leben hier, und da sie nicht wie in Indien und Afrika jeweils von Tigern und Löwen dominiert werden, sind sie in Yala meist weniger scheu und auch tagsüber aktiver. Natürlich kann man den Besuchern nie garantieren, dass sie einen Leoparden zu Gesicht bekommen werden, doch sind die Chancen relativ groß.

Der Nationalpark Yala, auch als Ruhuna bekannt, ist der älteste Nationalpark von Sri Lanka. Er wurde 1938 gegründet, erstreckt sich heute über 120 000 Hektar, die der Öffentlichkeit allerdings nur teilweise zugänglich sind, und umfasst mehrere verschiedene Vegetationstypen, vom feuchten Monsunwald über Dornenwald und Grasland bis hin zu Süß- und Salzwasserfeuchtbiotopen. Jene bieten zahlreichen Vögeln einen Lebensraum, darunter auch seltenen Arten wie dem Riesenstorch *(Ephippiorhynchus asiaticus)* und dem Sunda-Marabu *(Leptoptilos javanicus)* sowie vielen Watvögeln und Enten. Der Park grenzt direkt ans Meer, an seinen wunderschönen Sandstränden findet man auch Schildkrötennester. Doch nicht nur für Naturliebhaber und Ökologen ist Yala interessant; im Park kann man zudem die Ruinen von Tempeln, Klöstern und anderen Zeugnissen menschlicher Besiedelung bewundern – und das vor atemberaubender Landschaftskulisse.

Der Leopard ist die am weitesten verbreitete Großkatze; er kommt in der Türkei und anderen Teilen des Mittleren Ostens, in fast ganz Südasien, selbst in China und im äußersten Osten Russlands sowie in Teilen Nordafrikas und in ganz Schwarzafrika vor. In weiten Teilen ihres Verbreitungsgebiets sind die Tiere durch illegale Jagd und Zerstörung ihres Lebensraums jedoch stark gefährdet. In einigen Gegenden, etwa in Anatolien und Israel, stehen die örtlichen Populationen bereits kurz vor dem Aussterben.

Nach heutigem Wissensstand unterscheidet man 13 genetisch differenzierte Unterarten des Leoparden. Der in Yala lebende Ceylon-Leopard *(Panthera pardus kotiya)* gehört zu den größten in Asien: Er wird bis zu zwei Meter lang und greift sogar ausgewachsene Sambarhirsche *(Cervus unicolor)* an. Der Leopard schleicht sich an seine Beute heran und ist ein Meister der Tarnung – diese Fähigkeit ermöglicht es ihm auch, sich erstaunlich nahe an menschlichen Siedlungen aufzuhalten. Dies wiederum birgt Konfliktpotenzial, da der Leopard dort natürlich auch leichte Beute – etwa Haustiere – findet.

In Yala ist das elegante Raubtier seit Jahrzehnten geschützt; einen Leoparden mitten am Tag seine Bahnen ziehen oder auf einem Baum ruhen zu sehen, ist hier deshalb nicht ungewöhnlich. Die Art ist äußerst anpassungsfähig und kann sich an verschiedene Lebensräume gewöhnen, von der offenen Wüste bis zum dichten Wald. In Yala bevorzugt der Leopard Felsvorsprünge und Gebüsche

Links **In Yala gibt es eine relativ große Leopardenpopulation. Da die sonst sehr scheuen Tiere dort an den Menschen gewöhnt sind, bekommt man sie recht oft – vor allem in der Morgen- und Abenddämmerung – zu Gesicht.**

Oben **Wilde Asiatische Elefanten gibt es in Yala ebenfalls recht häufig. Die Elefanten auf Sri Lanka gehören zu den größten ihrer Art; domestizierte Tiere setzt man traditionellerweise zum Holztransport ein. In den letzten Jahren ist die Zahl der Arbeitselefanten auf Sri Lanka jedoch auf wenige Hundert gesunken.**

OBEN **Der Lippenbär *(Melursus ursinus)* bewegt sich normalerweise auf allen vieren vorwärts; nur wenn er neugierig ist oder Gefahr droht, stellt er sich auf die Hinterbeine. Das meist nachtaktive Tier ernährt sich überwiegend von Ameisen und Termiten, die es mit seinen langen Krallen ausgräbt.**

entlang von Wasserläufen. Auch bei der Nahrung sind Leoparden nicht besonders wählerisch: Sie verschmähen weder Reptilien noch Vögel, Affen oder Wildschweine *(Sus scrofa cristatus)*. Im Yala-Nationalpark jagen sie bevorzugt Axishirsche *(Axis axis)*, die sie ersticken, indem sie mit den Pranken ihren Hals umklammert halten.

Einen Leoparden zu sehen ist sicherlich einer der Höhepunkte bei einem Besuch in Yala, darüber hinaus ist der Park jedoch auch für die dort lebenden Asiatischen Elefanten *(Elephas maximus)* berühmt. Auf Sri Lanka gibt es zwischen 3500 und 4000 wilde Elefanten, zehn Prozent davon ziehen in kleinen Herden, die in der Regel 5 bis 15 Tiere umfassen, in Yala umher. Die Elefantengesellschaft ist matriarchalisch strukturiert: Meist wird eine Gruppe von einer ausgewachsenen Elefantenkuh angeführt, die von zwei bis drei weiteren ausgewachsenen Elefantenkühen sowie von jüngeren Tieren und Kälbern begleitet wird. Die Bullen sind Einzelgänger, die sich manchmal zu losen »Junggesellengruppen« zusammenschließen. Trotz ihrer Größe bewegen sich Elefanten erstaunlich unauffällig durch den dichten Wald. Dennoch ist es sehr ungewöhnlich, einen oder zwei Tage lang in Yala keinen Elefanten zu sehen, meist kommt man sogar sehr nah an die Tiere heran. Eine Elefantenherde beim Grasen oder Baden zu beobachten ist ein ganz besonderes Vergnügen – vor allem, wenn Jungtiere dabei sind.

Yala steht in dem Ruf, die Heimat einiger Elefanten zu sein, die über ausgesprochen prächtige Stoßzähne verfügen. Bei Asiatischen Elefanten haben nur die Bullen Stoßzähne; in den vergangenen Jahrzehnten waren vor allem sie es, die den Wilderern auf der Jagd nach Elfenbein zum Opfer fielen. Die Größe der Stoßzähne ist genetisch fixiert; durch die illegale Jagd haben mittlerweile nur noch etwa fünf Prozent der Elefanten auf Sri Lanka dieses Gen. Doch nicht nur auf diese Art gefährdet der Mensch die Elefantenpopulation der Insel. Außerhalb der Schutzgebiete werden immer mehr Zugrouten der Elefanten durch Ackerbau und wachsende Siedlungen gestört. Umgekehrt weichen die Tiere auf landwirtschaftlich genutzte Regionen aus, wenn ihre Nahrungsressourcen knapp werden, und bedienen sich dort. So kann ein ausgewachsener Elefant durch seine schiere Größe und seinen Appetit einen Kleinbauern binnen einer oder zwei Stunden um seinen Lebensunterhalt bringen.

GEGENÜBER OBEN **Eine Gruppe Elefanten nimmt ein Bad. Die Tiere brauchen regelmäßig Zugang zu Wasser; sind ihre traditionellen Zugrouten durch den Eingriff des Menschen – etwa durch den Straßenbau – versperrt, führt dies unweigerlich zu massiven Problemen.**

GEGENÜBER UNTEN **Yala kann sich einer atemberaubenden Landschaft rühmen. Die vielen verschiedenen Landschaftsformen im Park bilden ein Konglomerat der unterschiedlichsten Lebensräume. In den zahlreichen Feuchtbiotopen kann man besonders gut Vögel beobachten.**

Links In den Bäumen am Ufer finden sich umfangreiche Kolonien von Wasservögeln, die man von den Pfaden um die Seen aus gut beobachten kann. In dieser Hinsicht ist Bharatpur einzigartig auf der Welt.

26. Die Vögel von Bharatpur

Fast überall auf der Welt sind die Themen »Jagd« und »Umweltschutz« von jeher untrennbar miteinander verbunden; dies trifft in besonderem Maße auf den in vielfacher Hinsicht bemerkenswerten Nationalpark Keoladeo Ghana zu, besser bekannt als Bharatpur. Der Park liegt in Rajasthan westlich von Agra und erstreckt sich über nur 29 Quadratkilometer. Das heute wichtigste Vogelschutzgebiet Indiens – rund 400 verschiedene Arten zählte man bislang – war einst nicht mehr als ein flaches Tal in aridem Buschland, das sich zur Monsunzeit mit Wasser füllte und so zahlreiche Wasservögel anzog. Für eine kurze Zeit im Jahr war die Gegend ein wahres Jagdparadies, das nur die Gänse und Enten wieder verließen, wenn das Tal ausgetrocknet war.

Im späten 19. Jahrhundert erklärte der Maharadscha von Bharatpur das Tal zum ständigen Jagdrevier. Er ließ eine Reihe von Dämmen und Deichen bauen, die das Wasser aus einem nahe gelegenen Bewässerungskanal in das Gebiet umlenkten, damit die Teiche oder *jheels* nicht mehr austrockneten. Nun kamen die Vögel regelmäßiger und in größerer Anzahl, und der Maharadscha veranstaltete für seine illustren Gäste eine Jagdpartie nach der anderen. Die Zahl der dabei getöteten Tiere lässt noch heute erschauern: Auf einer Tafel im Park ist zu lesen, dass Lord Linlithgow, der damalige Vizekönig, im Jahr 1938 an einem einzigen Tag 4273 Vögel schoss.

Abertausende von Wasservögeln kommen noch immer zu den Seen in Bharatpur, das Schießen ist seit den 1960er Jahren jedoch verboten. Die ersten Schwärme überwinternder Gänse und Enten erreichen den Park im Oktober; darunter befinden sich eine große Anzahl Pfeifenten *(Anas penelope)*, Löffelenten *(Anas clypeata)*, Spießenten *(Anas acuta)*, Krickenten *(Anas crecca)* und Schnatterenten *(Anas strepera)* aus dem Norden, daneben zahlreiche Streifengänse *(Anser indicus)* und Graugänse *(Anser anser)*. Sie mischen sich unter einheimische Arten wie die Weißbauch-Zwergganс *(Nettapus coromandelianus)*, die Höckerglanzgans *(Sarkidiornis melanotos)*, die Fleckschnabelente *(Anas poecilorhyncha)* und die Pfeifgans *(Dendrocygna javanica)*; im Dezember wimmelt es in den *jheels* von Bharatpur geradezu vor Wasservögeln. Viele davon kann man von den Pfaden um die Seen aus nächster Nähe beobachten – für Vogelliebhaber gibt es kaum einen besseren Platz auf der Welt.

Doch nicht nur Gänse und Enten, sondern auch viele andere Wasservögel kann man hier beobachten. Manchmal kommen drei verschiedene Pelikanarten – Rosapelikan *(Pelecanus onocrotalus)*, Krauskopfpelikan *(Pelicanus crispus)* und Graupelikan *(Pelicanus philippensis)* – sowie eine Vielzahl von Störchen und Reihern. Die Vögel bieten an sich schon einen imposanten Anblick, am beeindruckendsten ist jedoch die Brutzeit zwischen Juli und September. Dann sind die Bäume und Büsche in der Nähe der Seen voller nistender Vögel, die Luft ist von ihren Rufen und dem stechenden Geruch des Guano erfüllt, die Vögel

Gegenüber Raubvögel sind nur eines der vielen Highlights in Bharatpur; der hier gezeigte Eurasische Schelladler *(Aquila clanga)* reist zur Überwinterung an. Darüber hinaus finden sich auch zahlreiche Geier, doch wie überall in Indien ist ihre Population aufgrund des Viehimpfstoffs Diclofenac stark gesunken. Mittlerweile ist Diclofenac verboten.

kämpfen untereinander um ihren Platz, die Jungen schreien nach Futter. Rund 17 Arten nisten in den Bharatpur-Kolonien, manchmal bis zu acht verschiedene auf einem gemeinsamen Baum. Insgesamt leben etwa 50 000 brütende Watvogelpaare im Park, darunter Buntstorch *(Mycteria leucocephala)*, Silberklaffschnabel *(Anastomus oscitans)*, Löffler *(Platalea leucorodia)*, Ibis *(Threskiornis melanocephala)* und vier Arten von Silberreihern; dazu gesellen sich noch zwei Kormoranarten und der Altwelt-Schlangenhalsvogel *(Anhinga melanogaster)*.

Auch kleinere, am Wasser lebende Vögel sind in großer Zahl in Bharatpur vorhanden. Zu den einheimischen Arten gehören Purpurhuhn *(Porphyrio porphyrio)*, Weißbrust-Kielralle *(Amaurornis phoenicurus)* und Hindublatthühnchen *(Metopidius indicus)*; viele der ziehenden Watvögel sind Vogelkennern aus Europa bestens bekannt. Einst war Bharatpur auch für seine überwinternden Nonnenkraniche *(Grus leucogeranus)* berühmt. Drei weitere Kranicharten – der einheimische Saruskranich *(Grus antigone)*, der überwinternde Graue Kranich *(Grus grus)* und der unregelmäßig auftauchende Jungfernkranich *(Grus virgo)* – besuchen den Park noch immer; den Nonnenkranich hat man seit 2002 leider nicht mehr gesehen. Vermutlich ist die wichtigste Population der Art, die im westlichen Sibirien brütete und viel gejagt wurde, inzwischen ausgestorben; die weiter westlich und östlich lebenden Populationen gibt es zwar noch, auch sie sind jedoch stark gefährdet.

In erster Linie ist Bharatpur zwar für seine Wasservögel bekannt, der Park stellt aber auch einen der besten Orte in ganz Indien dar, an dem man Raubvögel beobachten kann. Mehr als 40 Raubvogelarten hat man hier verzeichnet. Viele kommen aus dem nördlichen Asien und überwintern in den Bäumen um die Seen herum. In den Wäldern und Büschen sieht man zudem einheimische und überwinternde Sperlingsvögel, darunter das seltene Rubinkehlchen *(Luscinia calliope)*, das das Herz jedes Vogelfreundes aus Westeuropa oder Nordamerika höher schlagen lässt.

Darüber hinaus gibt es auch große Säugetiere wie den Sambarhirsch *(Cervus unicolor)*, die Nilgauantilope *(Boselaphus tragocamelus)* und den Axishirsch *(Axis axis)*. Zwischen 2002 und 2005 sah man sogar ein einsames Tigerweibchen *(Panthera tigris)* im Park. An den Flussufern trifft man gelegentlich auf den Tigerpython *(Python molurus)*. Doch seinen Ruf verdankt Bharatpur zu Recht den Vögeln, insbesondere den Wasservögeln. In den vergangenen Jahren gaben sinkende Wasserstände Anlass zur Sorge; manchmal trocknete ein See ganz aus, und die Vögel verschwanden. Einige zogen an andere Seen in der Gegend, die jedoch nicht geschützt sind und wo das Jagen nach wie vor erlaubt ist. Da der Monsun in diesem Teil Rajasthans recht unzuverlässig ist, leiteten die örtlichen Behörden den Fluss Gambhir – Hauptwasserquelle Bharatpurs und Heimat zahlreicher Fische und Wirbelloser, von denen sich die Vögel ernähren – auf Felder um. Die Folgen für den Nationalpark waren verheerend; nur eine langfristige Lösung dieses Dilemmas kann Bharatpurs Zukunft als Vogelschutzgebiet sichern.

Gegenüber oben **In den Wintermonaten kommen große Schwärme von Zugvögeln aus dem Norden, es gibt jedoch auch einige einheimische Gänse- und Entenarten. Dazu gehört auch die zahlreich vertretene und gut hörbare Pfeifgans.**

Gegenüber unten **Der Saruskranich ist der größte flugfähige Vogel weltweit; in Bharatpur sieht man ihn oft. Die ausgewachsenen Tiere werden bis zu 1,80 Meter groß und unterscheiden sich von den Jungtieren durch ihren scharlachroten Kopf und den grauen Fleck am Ohr.**

Rechts **Bei Sonnenaufgang sieht man in Bharatpur besonders viele Vögel; die Tiere sind jedoch fast das ganze Jahr über im Park präsent.**

27. Pandas in den Qinling-Bergen

Die möglicherweise größte Umweltschutzikone der Welt, der Pandabär *(Ailuropoda melanoleuca),* ist ein Paradoxon: Jeder kennt ihn – doch weiß kaum jemand mehr, als dass er Bambus frisst und aus China kommt. Zudem ist es ausgesprochen schwierig, das so wohlbekannte Tier in freier Wildbahn zu beobachten. Seine legendäre Unlust, sich in Gefangenschaft zu vermehren – zumindest in westlichen Zoos –, hat nicht nur zu seinem Bekanntheitsgrad beigetragen, sondern ist auch Anzeichen dafür, wie wenig wir wirklich über die Lebensbedingungen dieses Tiers wissen.

Viele Jahre lang stand der Panda symbolisch für die Gefährdung der Arten – im Logo des Worldwide Fund for Nature (WWF). Über die nur in China vorkommende Spezies weiß man auch in neuerer Zeit noch immer erstaunlich wenig. Pandabären ernähren sich nur von bestimmten Bambusarten und sind deshalb auch lediglich in Gegenden verbreitet, wo diese Arten reichlich wachsen: in gemäßigten Bergwäldern. Früher kamen Pandas in fast ganz China und sogar im angrenzenden Burma (Myanmar) und Vietnam vor; heute gibt es wilde Pandas – in sechs verschiedenen Gruppen – nur noch in den chinesischen Provinzen Gansu, Shaanxi und Sichuan. Eine umfassende Studie aus dem Jahr 2004 schätzte die wild lebende Population auf 1600 Tiere, rund 40 Prozent mehr als in der letzten Studie aus den 1980er Jahren. Ob dieses Ergebnis tatsächlich von einer höheren Anzahl Pandas oder nur von besseren Untersuchungsmethoden zeugt, wissen wir nicht. Die jüngere Studie beweist jedoch zweifelsfrei, dass es mittlerweile auch wieder Pandas in Gegenden gibt, in denen sie früher als ausgestorben galten.

Die Misere des Pandas im 20. Jahrhundert trat zutage, als die chinesische Regierung die Tiere zu »Botschaftern des Friedens« erklärte und in den 1960er und 1970er Jahren einen schwunghaften Panda-Handel mit westlichen Zoos betrieb. Bald wurde offensichtlich, dass die frei lebenden Pandas in ernsthaften Schwierigkeiten waren. Durch Wilderei und Zerstörung ihres Lebensraums sank der Bestand, die wenigen Panda-Schutzgebiete, die es zu dieser Zeit gab, waren nur unzureichend

LINKS **Seine auffällige Zeichnung hat den Pandabären zu einem der bekanntesten Säugetiere der Welt gemacht. Die Zooattraktion kann man mittlerweile auch wieder in freier Wildbahn beobachten – in den zahlreichen Panda-Schutzgebieten, die in China entstehen.**

UNTEN **Pandas sind gute Kletterer und klettern offensichtlich auch gern in Bäumen herum. Vielleicht erklärt dies auch ihre eigentümliche Zeichnung: Das schwarzweiße Fell dient vor dem Hintergrund der Baumwipfel als perfekte Tarnung.**

geschützt und beinahe mittellos. Doch die Situation hat sich glücklicherweise geändert: Heute gibt es in China über 40 Schutzgebiete für Pandas, die rund 10 000 Quadratkilometer umfassen – ein Gebiet, fast halb so groß wie der für Pandas geeignete Lebensraum, den es in freier Natur noch gibt. Schätzungsweise 60 Prozent der gesamten Panda-Population leben in diesen Schutzgebieten.

Frei lebende Pandas zu sehen ist Chinabesuchern erst seit Kurzem möglich. Heute gibt es beispielsweise organisierte Ausflüge in die Qinling-Berge im Süden der Provinz Shaanxi. In diesem Gebiet befindet sich nicht nur die Wasserscheide zweier großer Ströme Chinas, des Jangtse-Flusses und des Gelben Flusses, es ist auch Teil eines bedeutenden Ökosystems mit zahlreichen endemischen Arten. Schätzungsweise 250 Pandas leben in Qinling; seit 2002 wurden hier fünf neue Schutzgebiete gegründet und mehrere Waldkorridore angelegt, damit die Pandas untereinander in Kontakt bleiben können. Weitere Reservate sind geplant. Einen Panda wirklich zu Gesicht zu bekommen ist jedoch nicht einfach – das Terrain ist dicht bewaldet, und die Tiere sind Einzelgänger. Hier sind Glück und Ausdauer vonnöten.

Die anhaltende Bevölkerungsexplosion und wirtschaftliche Entwicklung Chinas hat dazu geführt, dass Pandas immer öfter mit Menschen in Berührung kommen. Für die Pandas ist dies nicht immer eine positive Erfahrung; ein Großteil ihres Lebensraums wurde abgeholzt, Straßen schlagen Schneisen in die Wälder, die Landwirtschaft dehnt sich von den Talsohlen immer weiter auf die bewaldeten Hänge aus. Einige Pandabären sitzen gewissermaßen in isolierten Bambusdickichten fest, ohne Chance, sich mit den Populationen andernorts zu verbinden. In solchen Situationen ist es besonders schlimm für die Bären, wenn der Bambus natürlicherweise periodisch abstirbt – die Tiere können dann nicht einfach zu anderen Bambuswäldern wechseln. Auch Wilderern sind Pandas wegen ihres Fells meist schutzlos ausgeliefert; in vielen Gegenden findet man immer wieder illegale Fallen.

Dennoch spielt Umweltbewusstsein in den letzten Jahren auch in China vermehrt eine Rolle; das Netzwerk der Panda-Schutzgebiete trägt sicherlich dazu bei, die Zukunft der Art zu sichern. Durch ein erfolgreiches Zuchtprogramm in Wolong war es möglich, im Jahr 2006 den ersten in Gefangenschaft geborenen Panda in die Freiheit zu entlassen. Höhere Priorität hat nichtsdestotrotz der Schutz der Spezies und ihres Lebensraums in freier Wildbahn. So werden im Liaoxiancheng-Panda-Schutzgebiet derzeit große Anstrengungen unternommen, die Menschen dazu zu bewegen, traditionelle Tätigkeiten wie das Holzfällen zugunsten einer Arbeit in der Ökotourismusbranche aufzugeben. Denn die Qinling-Berge sind nicht nur für die Pandas berühmt; dort leben auch einer der schönsten Primaten der Welt, der gefährdete Gold-Stumpfnasenaffe *(Pygathrix roxellana)*, und der Nipponibis *(Nipponia nippon)*, den man in den 1980er Jahren vor dem Aussterben rettete und der in freier Wildbahn nur noch im Süden von Shaanxi vorkommt.

LINKS **Die Qinling-Berge sind auch die Heimat des Gold-Takins *(Budorcas taxicolor bedfordi)*, einer der vier Takin-Unterarten. Mit ihren kurzen, stämmigen Beinen und breiten Hufen ist die Ziegenantilope optimal an das felsige Terrain angepasst.**

LINKS Pandas erinnern uns zwar an kuschelige Teddybären, die Tiere können jedoch gefährlich werden und greifen auch Menschen an, wenn sie sich bedroht fühlen. Die Weibchen bringen ein oder zwei Junge zur Welt, geben eins davon jedoch rasch auf, da die Erfolgschancen, Zwillinge durchzubringen, sehr gering sind.

GANZ LINKS Der Gold-Stumpfnasenaffe lebt in den Bergwäldern des mittleren und westlichen China. Sein dichtes Fell wärmt ihn in den strengen Wintern, die für diese Regionen typisch sind.

LINKS 1981 entdeckte man in Shaanxi die letzte frei lebende Nipponibis-Population, die nur sieben Tiere umfasste. Heute gibt es wieder mehr als 500 Nipponibisse in China. Zuchtprogramme in China und Japan sollen die Zukunft der Spezies sichern.

AUSTRALIEN & SÜDWESTPAZIFIK

Als die ersten Europäer im späten 18. Jahrhundert nach Australien kamen, erwartete sie eine Überraschung. Die Tiere, die hier lebten, waren der Wissenschaft gänzlich unbekannt – nicht nur der neu entdeckte Kontinent, auch seine Fauna war einzigartig. Die ersten Beschreibungsversuche wurden schnell von einem Kampf mit der als feindlich empfundenen Natur überschattet. Die Begegnung mit den einheimischen Völkern, die im Einklang mit der Natur lebten und ihre Ökologie verstanden, nahm einen ähnlich tragischen Verlauf. In den vergangenen 50 Jahren hat sich vieles daran glücklicherweise geändert; heute sorgen Schutzprogramme für den Erhalt gefährdeter Arten und Lebensräume. Sowohl in Australien als auch in Neuseeland kann man einen einzigartigen Tierreichtum erleben. Auch Neuguinea ist eine wahre Fundgrube an bisher unentdeckten Naturschätzen. Ein Erbe der europäischen Kolonisierung Australiens und Neuseelands jedoch bleibt: Die Vielzahl eingeführter, »fremder« Arten, die sich nachhaltig auf die endemische Flora und Fauna auswirken.

UNTEN **Kängurus sind das Wahrzeichen Australiens. Das Graue Riesenkänguru kommt vor allem im Süden und Osten des Landes vor, das hier abgebildete, größere Rote Riesenkänguru ist seltener und lebt im trockenen Inneren des Kontinents.**

28. Kakadu-Nationalpark

Das riesige Feuchtgebiet des Kakadu-Nationalparks erstreckt sich zu beiden Seiten des South Alligator River bis zum Van-Diemen-Golf und ist nicht nur Australiens größter Nationalpark, sondern auch eines der wichtigsten tropischen Ökosysteme des Kontinents. Er umfasst 20 000 Quadratkilometer und eine Vielzahl von Lebensräumen: tropischen Regenwald, offenes Waldland bzw. Eukalyptussavanne, küsten- und flussnahe Feuchtgebiete, Mangroven und Teebaum-Sümpfe *(Melaleuca* sp.), daneben zahlreiche Mikro-Habitate. Mit seiner Ostflanke grenzt der Park an einen Sandstein-Steilabbruch, der den westlichen Rand der Arnhem-Land-Hochebene markiert und an aride Bedingungen gewöhnte Flora und Fauna mit sich bringt. Auch ethnografisch ist der Kakadu-Nationalpark von großer Bedeutung: Die Region ist seit mindestens 50 000 Jahren ununterbrochen besiedelt und birgt etliche archäologische Stätten sowie einige der schönsten Felsmalereien und Petroglyphen des Landes. Bei der UNESCO ist sie sowohl als Weltkultur- als auch als Weltnaturerbe verzeichnet.

Das Klima ist vom Monsun geprägt, es herrschen klar begrenzte Trocken- und Regenzeiten und das ganze Jahr über hohe Temperaturen. In der Regenzeit (Oktober bis März) bringen heftige Gewitter, für die Kakadu berühmt ist, kräftige Niederschläge; die Landschaft ist üppig grün, das eigentliche Feuchtgebiet verwandelt sich in einen riesigen See. Dies ist die Zeit der blühenden Pflanzen – insbesondere die Seerosen bieten ein spektakuläres Schauspiel. Nicht vergessen sollte man jedoch, dass man zur Regenzeit nur eingeschränkten Zugang zum Park hat; viele Gegenden sind nur per Boot erreichbar, einige überhaupt nicht.

Die beste Zeit für einen Besuch im Kakadu-Nationalpark ist zwischen Juli und September, gegen Ende der Trockenzeit; dann sammeln sich die Wasservögel um die verbliebenen Wasserstellen. Besonders zahlreich vertreten sind neben den Wanderpfeifgänsen *(Dendrocygna arcuata)* auch die Spaltfußgänse *(Anseranas semipalmata)*. Schätzungsweise 1,5 Millionen Gänse – das weltweit größte Aufkommen – besuchen den Park während der Trockenzeit; fast überall kann man sie sehen, wie sie nach Futter, vor allem nach Bulkuru-Riedgrasknollen, suchen. Bei einem frühmorgendlichen Bootsausflug auf dem Yellow Water, dem größten permanenten Wasserreservoir im Park, bekommt man besonders viele gefiederte Gäste des Nationalparks zu Gesicht: bis zu 60 verschiedene Arten, darunter auch Kammblatthühnchen *(Irediparra gallinacea)*, Mittelreiher *(Ardea intermedia)*, Elsterreiher *(Ardea picata)* und Königslöffler *(Platalea regia)*. Zwei der größten Vögel Australiens werden ebenfalls regelmäßig gesichtet: Brolgakranich *(Grus rubicunda)* und Riesenstorch *(Ephippiorhynchus asiaticus)*. In den Baumkronen rund um die Wasserstellen sieht man zudem auch häufig den Weißbauchseeadler *(Haliaeetus leucogaster)*.

LINKS **Der Kakadu-Nationalpark kann sich einiger der schönsten Landschaften Nordaustraliens rühmen. Die verschiedenen Habitate ermöglichen einen Artenreichtum, den zu erforschen man mehrere Tage braucht.**

OBEN **Eine Kragenechse in voller Drohgebärde. Lässt der potenzielle Angreifer trotz des furchterregenden Anblicks nicht ab, flieht die Echse meist. Manchmal läuft sie dabei auf den Hinterbeinen.**

Der Kakadu-Nationalpark ist zwar in erster Linie wegen seiner vielen Vögel berühmt, es gibt im Park jedoch auch zahlreiche Reptilien. Zu den insgesamt 128 Arten gehören 77 Echsen- und 39 Schlangenarten, darunter auch der Oenpellipython *(Morelia oenpelliensis)*, der in der Nähe des Steilabbruchs im Osten des Parks lebt und Zoologen seit seiner Entdeckung im Jahr 1977 immer noch Rätsel aufgibt. Die Ureinwohner Australiens kennen das Tier schon wesentlich länger: Es taucht in ihren Felsmalereien und Schnitzereien auf. Bemerkenswert ist auch die Kragenechse *(Chlamydosaurus kingii)*, die bei Gefahr die orangefarbene Haut um ihren Hals herum aufstellt und das Maul aufreißt, um ihren furchterregenden gelben Schlund zu zeigen. Noch furchterregender sind allerdings die größten Reptilien des Kakadu-Nationalparks: die als »Salties« bekannten Leistenkrokodile *(Crocodylus porosus)*, die in den Salzwasserläufen des Parks lauern. Sie werden bis zu sieben Meter lang und können dem Menschen extrem gefährlich werden, wenn man ihnen nicht mit dem nötigen Respekt begegnet. Kakadu rühmt sich der weltweit größten Einzelpopulation dieser Tiere; in der Regenzeit greifen die Salzwasserkrokodile auch auf das Terrain über, das normalerweise den Süßwasserkrokodilen *(Crocodylus johnstonii)* vorbehalten ist.

Darüber hinaus ist der Park die Heimat von über 60 Säugetierarten, die allerdings größtenteils nachtaktiv und deshalb schwer zu Gesicht zu bekommen sind. Am ehesten sieht man Flinkwallaby *(Macropus agilis)*, Kurzohr-Felskänguru *(Petrogale brachyotis)* und Dingo *(Canis lupus dingo)*. Im felsigen Terrain im Osten lohnt auch die Suche nach dem Schwarzen Bergkänguru *(Macropus bernardus)*, einer hier endemischen Art. Vor 20 Jahren gab es in Kakadu auch noch große Wasserbüffelherden *(Bubalus bubalis)*, die man im 19. Jahrhundert ihres Fleisches wegen aus Südostasien hier eingeführt hatte. Als die Siedlungen, für die sie gedacht waren, aufgegeben wurden, liefen die Tiere frei herum und vermehrten sich so stark, dass sie sich zu einer regelrechten Plage entwickelten. Ein staatliches Programm senkte die Anzahl der Tiere auf ein umweltverträgliches Maß: Von den 20 000 Wasserbüffeln, die man 1988 im Kakadu-Nationalpark zählte, sind heute nur noch wenige Hundert übrig. Andere eingeschleppte Arten vermehren sich jedoch unerwünscht weiter, darunter zahlreiche fremde Pflanzen, die die einheimische Flora verdrängen, und die berüchtigte Aga-Kröte *(Bufo marinus)*, die vor nicht einmal zehn Jahren nach Kakadu kam. Vor allem der einheimische Zwergbeutelmarder *(Dasyurus hallucatus)* hat unter der Anwesenheit der Aga-Kröte gelitten: Er ist im Kakadu-Nationalpark vermutlich sogar schon ausgestorben.

OBEN **Den paarweise oder in kleinen Gruppen vorkommenden Brolgakranich sieht man in Kakadu oft. Außerhalb der Brutsaison finden sich auch größere Schwärme zusammen.**

UNTEN **In den trockeneren Monaten versammelt sich eine große Anzahl von Spaltfußgänsen in den Feuchtgebieten des Kakadu-Nationalparks. Die Spaltfußgans ist keine echte Gans, da sie nur über reduzierte Schwimmhäute verfügt.**

GEGENÜBER OBEN **Der Riesenstorch gehört zu den auffälligeren Wasservögeln von Kakadu. Örtlich ist er auch als Jabiru bekannt; diesen Namen teilt er sich jedoch mit einer ganz anderen, in Südamerika heimischen Art (siehe S. 209).**

GEGENÜBER UNTEN **Salzwasserkrokodile können zu beeindruckender Größe heranwachsen – sie sind der Hauptgrund dafür, warum das Schwimmen im Kakadu-Nationalpark nicht ratsam ist.**

Links und gegenüber **Die neuseeländische Stadt Kaikoura erfreut sich einer spektakulären Lage. Das Küstenstädtchen schmiegt sich an eine Kette von Bergen, deren Gipfel im Winter schneebedeckt sind.**

Unten **Die felsige Küste und die Strände der Kaikoura-Halbinsel eignen sich hervorragend, um Tiere zu beobachten. Vor allem Seevögel und Meeressäuger sind in der Gegend zu finden.**

29. Die Seevögel und Pottwale von Kaikoura

Die kleine Stadt Kaikoura liegt an der Ostküste der Südinsel Neuseelands und erfreut sich einer atemberaubenden Landschaftskulisse: In den Wintermonaten sind die Gipfel der Berge im Hintergrund schneebedeckt. Auch die Küste ist wunderschön; in den kristallklaren Gewässern tummeln sich zahlreiche Meeresbewohner, da der bis zu 3000 Meter tiefe Hikurangi-Graben nur wenige Kilometer entfernt ist und viele Tiefseearten deshalb näher als sonst an das Land herankommen. In Kaikoura kann man Seevögel und verschiedene Mitglieder der großen Walfamilie beobachten, darunter auch den verspielten Schwarzdelfin *(Lagenorhynchus obscurus)* und den Pottwal *(Physeter macrocephalus)*.

Tiere kann man in Kaikoura mühelos beobachten. Seit den 1980er Jahren brüten Neuseeländische Seebären *(Arctocephalus forsteri)* in der Gegend, insbesondere auf der Halbinsel und um diese herum am Rande der Stadt. Der Ort zieht auch Seevögelliebhaber geradezu magisch an. Je nach Jahreszeit – meist ist der Sommer am besten geeignet – kann man eine Vielzahl von Australischen Tölpeln *(Morus serrator)*, Elsterscharben *(Phalacrocorax varius)*, Gefleckten Kormoranen *(Stictocarbo punctatus punctatus)* und Hutton Sturmtauchern *(Puffinus huttoni)* beobachten; Letztere halten sich zwar oft in Küstennähe auf, nisten aber eigentlich in den Bergen hinter Kaikoura.

Um echte Meeresvögel zu sehen, macht man am besten einen Ausflug mit dem Boot auf das offene Meer hinaus mit, der von Kaikoura aus angeboten wird. Diese Ausflüge sind allerdings nichts für empfindliche Mägen – nicht so sehr des Seegangs wegen als vielmehr aufgrund des Geruchs, der von dem Abfall aufsteigt, den man um das Boot herum auswirft und dem kaum ein Vogel widerstehen kann. Vor allem Sturmvögel und Albatrosse kommen zuhauf, lassen sich in nur zwei bis drei Meter Entfernung auf dem Wasser nieder und schnappen sich die besten Stücke. Auf diese Weise kann man Vögel aus nächster Nähe sehen, die man sonst nur majestätisch über den Ozean gleiten sieht.

Abgesehen von dieser beeindruckenden Artenvielfalt an Seevögeln bildet die Hauptattraktion für die meisten Besucher die große Anzahl an Pottwalen, die sich an Kaikouras Küste versammeln. Der Grund für ihr Auftauchen in solch großer Nähe zum Land ist der nur wenige Kilometer entfernte Meeresgraben. Pottwale fressen besonders gerne große Tintenfische, und diese wiederum gibt es nur in der Tiefsee. Die Wale müssen nach ihrer Beute tauchen; in Kaikoura bleiben sie bis zu 40 Minuten unter Wasser und tauchen bis zu 1000 Meter tief. Die faszinierenden Säugetiere können den Atem sogar noch viel länger anhalten – manchmal mehr als zwei Stunden bei einer Tauchtiefe von bis zu 2200 Metern. Damit gehören Pottwale zweifelsohne zu den am tiefsten tauchenden Säugetieren der Welt.

Wissenschaftlichen Studien zufolge besuchen jedes Jahr bis zu 100 verschiedene Pottwale die Gegend um Kaikoura; dazu gehören einheimische Tiere, die sich fast das ganze Jahr über dort aufhalten, und Zugtiere, die nur wenige Stunden oder Tage bleiben. Nach ihrer Größe zu urteilen, handelt es sich bei der Mehrheit um junge männliche Wale, meist Einzelgänger, die sich nur selten zu losen Verbänden zusammenfinden. Deshalb ist es durchaus möglich, bei einem Bootsausflug mehrere Pottwale zu sehen; am häufigsten kommt dies im Frühjahr und Sommer vor. Tintenfische stehen bei Pottwalen, wie bereits erwähnt, bevorzugt auf dem Speiseplan: Jeder Wal verschlingt bis zu 1000 Tintenfische pro Tag. Dies wiederum wirft die Frage auf, was mit den Walen geschieht, sollte die Tintenfischpopulation durch Überfischung vernichtet werden.

Es mag zunächst überraschen, dass der Pottwal eines der lautesten Säugetiere der Welt ist. Beim Auftauchen ist das erste Blasen so laut, dass man es noch in einem Kilometer Entfernung hören kann. Noch lauter sind die Geräusche, die die Tiere unter Wasser machen und die an ein Klopfen erinnern. Diese Geräusche produzieren die Wale nicht nur, um miteinander zu kommunizieren, sondern auch, um damit Beute aufzustöbern. Bei ihren Tauchgängen »singen« die Wale fast die ganze Zeit, mit nur kurzen Unterbrechungen. Die Klopfgeräusche sind eigentlich Schallimpulse, die zwischen den Luftkammern in der Nase des Wals hin und her geschickt werden. Diese Art von Sonar ist für das menschliche Ohr noch in zehn Kilometern Entfernung hörbar.

Die in der Nähe von Kaikoura lebenden Pottwale kommen oft nah an die Küste heran und sind im Allgemeinen an Boote gewöhnt. Es gab jedoch einen historischen Zwischenfall, der Herman Melville sogar zu seinem berühmten Abenteuerroman *Moby Dick* inspirierte. Im Jahr 1820 wurde das im Südpazifik operierende Walfangschiff »Essex« von einem großen Pottwal angegriffen; es sank, die Männer an Bord verließen das Schiff. Da sie nur kleine Rettungsboote und unzureichende Vorräte hatten, starben mehrere der Männer; die Überlebenden waren gezwungen, ihre toten Kameraden zu verspeisen, bevor sie an der abgelegenen Henderson-Insel an Land gehen konnten. Diese traurige Geschichte mag als ein seltenes Beispiel dafür gelten, dass der Wal im Kampf zwischen Mensch und Tier einmal die Oberhand behielt.

GEGENÜBER OBEN Der Schwarzdelfin gehört zu den Highlights von Kaikoura; das Schwimmen mit Delfinen ist bei den Besuchern der Gegend ausgesprochen beliebt. Solche Begegnungen werden jedoch streng limitiert, um sicherzustellen, dass die Tiere keinen zu engen Kontakt mit dem Menschen haben.

GEGENÜBER UNTEN Pottwale können auf der Suche nach Tintenfischen, die rund 80 Prozent ihrer Nahrung ausmachen, sehr tief tauchen. Ältere Wale weisen häufig Narben auf, die sie aus den Kämpfen mit ihrer Beute davongetragen haben.

GANZ OBEN Die ersten Australischen Tölpel kehren in der Regel im August zu ihren Nistkolonien zurück; die Brutzeit erreicht im November und Dezember ihren Höhepunkt. Im australischen Herbst und Winter sind die Kolonien verlassen.

OBEN Der Weißkappenalbatros *(Diomedea cauta salvini)* ist nur eine von mehreren Albatrosarten, die man vor Kaikoura sehen kann.

RECHTS Bei Fahrten auf das offene Meer kann man viele Meeresvögel beobachten. Hier sieht man Wanderalbatrosse *(Diomedea gibsoni)*, einen Weißkappenalbatros und einige wenige Kapsturmvögel.

GANZ OBEN **Die Tari-Region in Neuguinea ist vermutlich der beste Ort, um Paradiesvögel zu beobachten. Noch immer bedecken ursprüngliche Wälder das Gebiet, einheimische Führer helfen beim Ausfindigmachen der schönsten Arten.**

OBEN **Der Blauparadiesvogel ist im niedrigeren Bergwald zu Hause und hält sich überwiegend in den Baumkronen auf. Man findet ihn in der Nähe von Früchte tragenden Bäumen.**

31. Neuguineas Paradiesvögel

Die Insel Neuguinea ist eines der letzten großen Naturparadiese der Welt. Weite Teile des Landesinneren sind noch immer nicht kartografiert und wissenschaftlich erkundet; erst 2006 entdeckte ein Team von Naturforschern eine »untergegangene Welt« in den Foja-Bergen, in der bislang völlig unbekannte Tiere leben. Trotz unseres unvollständigen Wissens über die Flora und Fauna der Insel sind uns die Wälder Neuguineas seit Jahrhunderten als Heimat einiger der schönsten und am prächtigsten gefiederten Vögel der Welt bekannt. Als Magellan 1522 Federn der exotischen Tiere mit nach Spanien brachte, verbreiteten sich die Gerüchte über die »Paradiesvögel« in Europa wie ein Lauffeuer: Die Federn waren so schön, dass sie nicht von irdischen Wesen, sondern nur von Besuchern aus dem Paradies stammen konnten. Der Name hat sich bis heute gehalten.

Ein weiteres über die Tiere verbreitetes Gerücht besagte, dass sie geradezu himmlische Qualitäten besäßen, sich nie am Boden aufhielten, sondern ausschließlich in der Luft. Erst im 19. Jahrhundert konnte eine sachgemäße wissenschaftliche Studie durchgeführt werden; Alfred Russel Wallace war der erste Naturforscher, der zutreffende Informationen über die Vögel und ihre Lebensgewohnheiten veröffentlichte. Bei seiner Ankunft in Neuguinea in den 1850er Jahren schrieb er, er könne seiner Aufregung darüber kaum Herr werden, dass »diese dunklen Wälder die außergewöhnlichsten und schönsten gefiederten Bewohner der Erde hervorbringen«.

Diese Aufregung erfasst uns auch heute noch, denn die Tiere sind heute so schön wie damals. Und obwohl wir mittlerweile mehr über sie wissen, gibt es noch immer viel zu entdecken. Die Wahrscheinlichkeit ist groß, dass im abgelegenen Herzen des Waldes Arten existieren, die nur den Ureinwohnern Neuguineas bekannt sind und die bislang keinen Eingang in die einschlägige Fachliteratur gefunden haben. Unter den Entdeckungen aus dem Jahr 2006 war auch das erste lebende Exemplar einer Paradiesvogelspezies, die man bislang nur von einem 1897 gefundenen Kadaver kannte.

Es gibt über 40 Arten von Paradiesvögeln; die meisten davon kommen nur in Neuguinea vor, einige auch im Norden Australiens. Die Familie ist möglicherweise mit den Krähen verwandt, obgleich sie in Gefieder und Färbung nicht unterschiedlicher sein könnten. Um die generell eher unauffälligeren Weibchen anzulocken – nur wenige Paradiesvögel sind monogam –, steht den Männchen ein umso prächtigeres Gefieder zur Verfügung. Meist sind die Schwanz-, Flügel- oder Kopffedern verlängert und von extravaganter Form; sie nehmen in den leidenschaftlichen Balzritualen eine herausragende Stellung ein. Diese Rituale reichen vom wiederholten Zurschaustellen besonders schöner Merkmale bis zum ausgefeilten Tanz auf einer Waldlichtung; manche lassen sich sogar kopfüber vom Baum hängen. Doch so auffällig die Vögel auch sein mögen – zu Gesicht bekommt man sie selten. Die meisten leben tief im Inneren des Regenwaldes und verbringen den Großteil ihrer Zeit in den Baumkronen.

Die größten Chancen, einen Paradiesvogel zu sehen, hat man am Tari Gap im zentralen Hochland. Auf 2100 Metern Höhe trifft montaner Regenwald auf offenes Grasland. Auf dem Berg und im atemberaubenden Tari-Tal zu seinen Füßen gibt es nicht nur eine sagenhafte Flora, vor allem Orchideen, sondern auch mehr als 200 Vogelspezies, darunter 13 Paradiesvogelarten. Die Mitglieder des in der Gegend lebenden Huli-Stamms sind für ihre besondere Beziehung zu den Paradiesvögeln bekannt; die Tiere sind seit Langem Bestandteil traditioneller Zeremonien, die Federn tauchen in dem kunstvollen Kopfschmuck der Männer, den berühmten »Huli Wigmen«, auf.

Zu den Paradiesvögeln, die man auf mittlerer Höhe am Tari sehen kann, gehört auch der Wimpelträger *(Pteridophora alberti)*, der mit einer Körperlänge von 22 Zentimetern einer der kleinsten ist.

GEGENÜBER **Der Raggi-Paradiesvogel *(Paradisaea raggiana)* ist der Nationalvogel Neuguineas und in großen Teilen des Landes immer noch weit verbreitet. Das Männchen wird wegen seines auffälligen Schwanzgefieders gejagt.**

Gegenüber **In den Wäldern Neuguineas leben viele faszinierende Reptilien, so etwa der Grüne Baumpython. Die Art kann bis zu 1,80 Meter lang werden und ernährt sich überwiegend von Nagetieren.**

Rechts **Die Huli sind im zentralen Hochland von Neuguinea heimisch und leben von Ackerbau und Viehzucht sowie von der Jagd. Ihre Nähe zur Natur und zu den Tieren spiegelt sich in ihrer Kleidung wider.**

Hinsichtlich seiner Extravaganz zählt er jedoch zweifelsohne zu den größten: Er besitzt zwei Schmuckkopffedern, die doppelt so lang sind wie er selbst und aufgrund derer ihn die Wissenschaftler, als die Federn auf einem Markt in Paris auftauchten, schon zu einer »Fälschung« erklären wollten. Ebenfalls am Tari, aber in niedrigeren Lagen, kommt der nicht minder bemerkenswerte Blauparadiesvogel *(Paradisaea rudolphi)* vor, der ein weltweit einzigartiges Balzverhalten an den Tag legt. Ist ein Weibchen in der Nähe, lässt sich das Männchen kopfüber von einem Zweig hängen und stellt sein schwarz-rotes Brustgefieder auf, während es gleichzeitig das schillernd blaue Flügel- und Rückengefieder aufleuchten und sich hin und her schwingen lässt. Diese atemberaubende Vorstellung wird noch von rhythmischem Rufen begleitet.

Zwar werden viele Paradiesvogelarten Neuguineas traditionellerweise wegen ihres Gefieders von den Ureinwohnern der Insel gejagt, doch war es in erster Linie der europäische Federhandel, der den Bestand der Tiere im späten 19. Jahrhundert gefährdete. Zu dieser Zeit mussten mehr als 50 000 Vögel jährlich ihr Leben lassen, um die Nachfrage in den Pariser Salons zu befriedigen, und obwohl der Handel in den 1920er Jahren verboten wurde, war es für viele Arten dann schon zu spät. Heute stellt die Abholzung der Wälder das größere Problem für die Vögel dar. Mehr als 80 Prozent der Insel sind zwar nach wie vor von Wald bedeckt, doch schnellt die Abholzungsrate rasant in die Höhe. Da einige Paradiesvogelarten nur an ganz spezielle Lebensräume angepasst sind, besteht gerade für sie ein großes Risiko, in naher Zukunft in großer Gefahr zu sein.

RECHTS Im Daintree-Nationalpark gibt es zahlreiche eindrucksvolle Bäume mit riesigen Stützwurzeln, die für den Tiefland-Regenwald charakteristisch sind.

GEGENÜBER Der genaue Zweck des Höckers auf dem Kopf des Helmkasuaren ist bislang ungeklärt. Möglicherweise ist er ein sekundäres Geschlechtsmerkmal; vielleicht dient er aber auch zum Schutz des Schädels.

32. Tropisches Australien: Daintree-Nationalpark

1983 sorgte das Vorhaben, eine Straße mitten durch unberührten Regenwald in Queensland zu bauen, für öffentliches Aufsehen. In dem betroffenen Gebiet – den Queensland Wet Tropics – findet sich die weltweit höchste Konzentration an primitiven Blütenpflanzen mit einer Artenvielfalt, wie sie es sonst in Australien kaum gibt. Die Straße wurde gebaut – und die Einheimischen und Umweltschützer, die sich auch wegen der Abholzung in der Region sorgten, gingen auf die Barrikaden. Sie versuchten, die außergewöhnliche Landschaft zu retten, bevor sie für immer verloren war. 1988 errangen sie zumindest einen Teilsieg: Die Queensland Wet Tropics wurden in die Liste des Welterbes aufgenommen.

Das 8944 Quadratkilometer große Gebiet erstreckt sich von der Küste zwischen Townsville und dem 500 Kilometer entfernten Cooktown ins Landesinnere. Regenwald bedeckt die Berghänge in weiten Flächen und zieht sich bis zur Küste hinunter. Direkt gegenüber liegt ein weiteres herausragendes Welterbe: das Great Barrier Reef. Der Regenwald hier macht seinem Namen alle Ehre: Die Region ist eine der feuchtesten in ganz Australien, auf den Berggipfeln fallen jährlich bis zu 7000 Millimeter Niederschlag. Die Vegetation ist durch mehrere Palmenarten wie etwa die auffällige Australische Schirmpalme *(Licuala ramsayi)* geprägt, zu den zahlreichen Tieren gehören viele endemische und hoch spezialisierte Arten.

Der Daintree-Nationalpark ist nur einer der 19 Nationalparks in den Queensland Wet Tropics. Ein Großteil des Parks besteht aus unzugänglichem, von Wäldern bedecktem Hochland, durch den Rest zieht sich ein Netz gut ausgeschilderter Wanderwege. Bei Bootsausflügen auf dem Daintree River kann man Leistenkrokodile *(Crocodylus porosus)* und zahlreiche Vögel sehen. Mehrere Eisvogelarten leben hier, auch die Schwarzdommel *(Ixobrychus flavicollis)*, der Sumatrareiher *(Ardea sumatrana)* und der Papuaschwalm *(Podargus papuensis)*. Die meisten Besucher kommen jedoch hierher, um den Helmkasuar *(Casuarius casuarius)* zu sehen. Der scheue Waldbewohner steht meist lange unbeweglich da, bevor er plötzlich durch das Unterholz bricht – es ist also recht schwierig, einen Blick auf ihn zu erhaschen. Die ausgewachsenen Männchen erreichen eine Größe von 1,80 Metern und sind gewissermaßen mit Vorsicht zu genießen. An den Füßen der Vögel befindet sich ein zehn Zentimeter langer Dorn, mit dem sie bei Gefahr ihre Jungen schützen. Leider sinkt der Bestand an Helmkasuaren, heute gibt es weniger als 1000 dieser Tiere in Australien. Die beste Chance, einen zu sehen, hat man am Cape Tribulation, einer Landzunge im Daintree-Nationalpark.

Die Wälder von Daintree bieten auch einer Vielzahl von Schmetterlingen und Faltern eine Heimat. Darunter befinden sich einige der größten Arten der Welt. Auf den Waldlichtungen sieht man die metallisch-blauen und schwarzen Flügel des Odysseusfalters *(Papilio ulysses)*, einer Schwalbenschwanzart, glitzern; in der Mossmann Gorge trifft man mit etwas Glück auf den Cairns Birdwing

Rechts Hinsichtlich der pflanzlichen Artenvielfalt ist Daintree einer der reichsten Orte unseres Planeten. Ständig entdeckt man neue Arten, von denen die meisten sich an eine ganz spezielle, eng umgrenzte Umgebung angepasst haben.

Gegenüber oben links **Der in Wäldern heimische Amethystpython ist Australiens längste Schlange. Seinen Namen verdankt er dem milchigen Glanz seiner Haut.**

Gegenüber oben rechts **Der nachtaktive Papuaschwalm ernährt sich von Fröschen, Echsen und Nagern. Die Art findet sich ausschließlich im nördlichen Queensland.**

Gegenüber Mitte links und rechts **Odysseusfalter (links) und Cairns Birdwing (rechts) gehören zu den größten und schönsten Schwalbenschwanzarten, die man in den Regenwäldern von Queensland sehen kann.**

Gegenüber unten links **Trotz ihrer Zeichnung und ausgefallenen Färbung ist Boyds Winkelkopfagame auf Baumstämmen und im Laubwerk perfekt getarnt.**

Gegenüber unten rechts **Der australische Laubfrosch *Litoria gracilenta* gehört zu den nahezu zahllosen Amphibienarten, die man im Daintree-Nationalpark bislang verzeichnete.**

Links **Der Kurzkopfgleitbeutler, eine Opossumart, verfügt über Hautmembranen zwischen den Vorder- und Hinterbeinen, die es ihm ermöglichen, bis zu 50 Meter weit von Baum zu Baum zu gleiten.**

(Ornithoptera euphorion), der mit einer Flügelspanne von 18 Zentimetern Australiens größter Schmetterling ist. Eine noch größere Spannweite hat der in den feuchten Tropen und Neuguinea heimische Herkulesfalter *(Cosinocera hercules)*. Die Weibchen locken die Männchen mittels Pheromonen an; nach der Paarung legen sie ihre Eier und sterben. Die ausgewachsenen Falter haben keine Mundöffnung – sie leben nur so lange, wie ihre Fettreserven vorhalten, in der Regel eine Woche oder zehn Tage.

Bei einem Besuch im Regenwald sollte man es nicht versäumen, gelegentlich auf den Boden zu schauen, anstatt sich den Hals beim permanenten Blick in die Baumkronen zu verrenken. In der verrottenden Vegetation am Waldboden gibt es nämlich überraschend viel Leben: Tausende von Wirbellosen und anderen Kreaturen, die damit beschäftigt sind, zu jagen, zu sammeln und die abgestorbenen Pflanzenteile zu zersetzen. Käfer, Hundertfüßer, Tausendfüßer, Schnecken, Nacktschnecken und Spinnen, so weit das Auge reicht. Eine genauere Untersuchung ergibt, dass auch Vögel und andere Tiere hier vorbeigekommen sein müssen; dies sieht man nicht zuletzt an den verstreuten Fruchtschalen, den Samenhülsen und Nussschalen. Vielleicht finden sich auch die Exkremente eines Helmkasuaren mit den charakteristischen unverdauten Fruchtkernen obenauf.

Die größten Dramen im Regenwald spielen sich nachts ab. Insbesondere nach einem Regenschauer kann man dann Frösche und kleinere Säugetiere wie den Kurzkopfgleitbeutler *(Petaurus breviceps)* auf der Suche nach Nektar und den Großen Streifenbeutler *(Dactylopsila trivirgata)* sehen, der in verrottendem Holz nach Maden sucht und sie sich mit seinem speziell daran angepassten vierten Finger herausangelt. Bei ausgeschalteter Taschenlampe sieht man auch die Leuchtpilze, die auf abgestorbenen Pflanzen wachsen. Höhepunkt eines Nachtspaziergangs sind jedoch die Reptilien. Boyds Winkelkopfagame *(Hypsilurus boydii)* beispielsweise sitzt oft auf Augenhöhe auf Baumstämmen, ebenso wie eine der schönsten Schlangen Australiens, der Amethystpython *(Morelia amethistina)*, der bis zu acht Meter lang werden kann. Wie alle Pythons, so ist auch diese Art nachtaktiv und fühlt sich sowohl auf Bäumen als auch auf dem Waldboden wohl. Er ernährt sich von Vögeln und Fledermäusen und greift sogar so große Tiere wie Bennett-Baumkängurus *(Dendrolagus bennettianus)* an. Trotz ihres Namens sind diese Beuteltiere nur sekundär an ein Leben auf Bäumen angepasst und wirken manchmal regelrecht tolpatschig, wenn sie in den Baumkronen herumklettern. Bennett-Baumkängurus und den Amethystpython findet man überwiegend in der Nähe von Frucht tragenden Bäumen, die generell viele Waldtiere anziehen und eine nähere Inspektion immer wert sind.

Ganz oben **Die australische Population der Neuseeländischen Pelzrobben ist in den letzten Jahrzehnten signifikant angestiegen. Die Kolonien um die Flinders Bay und am Cape Leeuwin sind die westlichsten der Welt.**

Oben **Der sogenannte Blas des Blauwals präsentiert sich als einzelne vertikale Wassersäule, die bis zu zehn Meter hoch sein und die man auch noch in zwei Kilometern Entfernung hören kann.**

33. Die Wale Westaustraliens

Für einige Zeit im Jahr versammeln sich in den nährstoffreichen Gewässern vor der Südwestküste Westaustraliens einige der größten Mitglieder der vielfältigen Walfamilie, die es im ganzen australischen und südwestpazifischen Raum gibt. Wer sich zu dieser Zeit in der Gegend aufhält, hat die Möglichkeit, bis zu 20 verschiedene Wal- und Delfinarten zu sehen. Die Ausflüge auf das offene Meer werden von mehreren Städten aus angeboten, darunter Bunbury, Dunsborough, Augusta und Albany. Die Walbeobachtung ist eine relativ neue Touristenattraktion hier, weshalb sich auch die Besucherzahlen vergleichsweise in Grenzen halten. Neben mehreren großen Walarten kann man bei einem solchen Bootsausflug auch Neuseeländische Pelzrobben *(Arctocephalus fosteri)* an ihren Brutplätzen sowie – in der Koombana Bay im Norden – eine Schule von Indopazifischen Großen Tümmlern *(Tursiops aduncus)* sehen, die rund 100 Tiere umfasst. Und abgesehen von der beeindruckenden Vielfalt kann man die Tiere auch noch aus nächster Nähe beobachten.

Aufgrund des hohen Aufkommens an Walen war dieser Teil Westaustraliens einst ein Zentrum des kommerziellen Walfangs. Der Industriezweig entstand, nachdem im Jahr 1837 vor der Küste bei Freemantle der erste Wal getötet worden war, und stieg im Laufe des 19. Jahrhunderts zu einem bedeutenden Wirtschaftsfaktor auf. Viele der Schiffe, die verurteilte Verbrecher zu der sich ausdehnenden Strafkolonie brachten, waren Walfangschiffe, die auf dem Weg zurück nach Großbritannien ihrer eigentlichen Aufgabe nachgingen. Zahlreiche Walfangstationen wurden gegründet, darunter auch eine in der Frenchman Bay in der Nähe von Albany, die in ihrer »Blütezeit« über 1000 Buckel- und Pottwale jährlich verarbeitete. Solche Fangraten waren nur aufgrund der Erfindung der explodierenden Harpune und dampfbetriebener Jagdboote möglich; auf die Walpopulation hatten sie katastrophale Auswirkungen. Der Bestand sank rasch, der Walfang selbst wurde zunehmend unwirtschaftlicher. Den letzten Wal fing man hier im November 1978; danach schloss man die Station, und einer der wahrscheinlich ältesten Industriezweige Australiens fand sein Ende. Heute befindet sich an dem Ort ein interessantes Museum, das sich sowohl den Tieren als auch der Geschichte des Walfangs in der Gegend widmet.

Die Walbeobachtungssaison in diesem Teil Australiens beginnt am Anfang des australischen Winters Ende Mai. Dann kommen nicht nur Buckelwale *(Megaptera novaeangliae)*, sondern auch Südkaper *(Eubalaena australis)* aus den immer raueren und kälteren südlichen Gewässern. Die gemütlicheren Wetterbedingungen hier ziehen sie an, und so versammeln sie sich in großer Anzahl: Mehr als 100 Buckelwale beispielsweise hat man in den geschützten Gewässern der Flinders Bay und am Cape Leeuwin schon gesehen. Die Buckelwale sind zu ihren Brutplätzen vor der nordwestaustralischen Küste unterwegs und halten sich normalerweise nur ein paar Wochen in dieser Region auf; häufig sind sie jedoch schon in ihre Paarungsrituale verwickelt, bei denen man mehrere Männchen um die Aufmerksamkeit eines Weibchens wetteifern sehen kann. Das ist mitunter eine recht lautstarke Angelegenheit: Die Männchen peitschen mit der Schwanzflosse und manchmal auch mit dem ganzen Körper auf das Wasser. Für dieses Schauspiel ist die Art zwar berühmt, wozu genau es dient, ist bislang jedoch nicht bekannt. Im September und Oktober kommen die Buckelwale auf dem Weg zu ihren sommerlichen Jagdgründen in der Antarktis erneut vorbei; zu den Weibchen gesellen sich nun auch die neugeborenen Kälber.

Die Südkaper kommen zur gleichen Zeit wie die Buckelwale an, bevorzugen allerdings östlichere Gefilde. Sie bleiben mehrere Monate, paaren sich und bringen die Jungen in den seichten Buchten entlang der Südküste zur Welt, bevor sie sich im November wieder in Richtung Süden aufmachen. Eine der wichtigsten Stätten, an denen die Wale kalben, ist vor Point Ann im Fitzgerald-River-

Gegenüber oben **Ein Buckelwal wirft sich mit seiner gesamten Körpermasse auf das Meer – eines der großartigsten Naturschauspiele der Welt.**

Gegenüber unten **Große Tümmler sind die am weitesten verbreiteten Mitglieder der Walfamilie. Man findet sie in fast allen gemäßigten und warmen Gewässern.**

Unten **Diese Luftaufnahme veranschaulicht die ungeheure Größe des Blauwals. Nach Jahren des Niedergangs steigt der Bestand mittlerweile wieder; insbesondere die westaustralische Population ist in einem erfreulich gesunden Zustand.**

Nationalpark östlich von Albany; dort gibt es auch eine Plattform, von der aus man schon bis zu 40 Tiere gesehen hat. Die Weibchen gebären nur alle zwei oder drei Jahre; meist werden sie dabei von einer Art Hebamme unterstützt. Das Kalb – bis zu sechs Meter lang und eine Tonne schwer – kommt mit dem Schwanz voran zur Welt und wird dann von Mutter und Hebamme sanft an die Wasseroberfläche geführt, wo es seinen ersten Atemzug tun kann. Die Tragzeit der Wale, die sich vor Ort paaren, beträgt zwölf Monate; meist kehren sie im darauffolgenden Jahr an den gleichen Ort zurück, um wieder ein Junges zur Welt zu bringen.

Früher waren Südkaper die bevorzugte Beute der Walfänger. Die Tiere bewegen sich ausgesprochen langsam, zudem besteht ihr Körper zu 40 Prozent aus Fett. Daraus kann man große Mengen Öl gewinnen, das man früher für Lampen und zum Heizen nutzte; darüber hinaus sorgt es dafür, dass der Kadaver an der Wasseroberfläche schwimmt und bequem verarbeitet werden kann. Jagd dezimierte die Spezies so stark, dass sie fast ausstarb. Heute gibt es glücklicherweise wieder eine zunehmende Anzahl Südkaper an den bekannten Kalbstätten der Südküste Australiens, obwohl die Gesamtzahl vermutlich unter 1500 liegt.

In den vergangenen Jahren sichtete man im Oktober und November in der Flinders Bay regelmäßig Blauwale *(Balaenoptera musculus)*, nach heutigem Wissensstand die größten Tiere, die es je gab. Doch auch hier hatte der kommerzielle Walfang zugeschlagen, und so bleibt ungewiss, ob sich einige der Populationen jemals wieder erholen werden. Das Gen, das maßgeblich die Größe der Tiere bestimmte, scheint mit den größten Blauwalexemplaren ausgestorben zu sein, denn heute reichen selbst die größten Blauwale an die 30 Meter langen Giganten vergangener Zeiten nicht heran. Im Zuge umfangreicher Schutzmaßnahmen ist die Zahl der Blauwale in der Antarktis sowie andernorts wieder angestiegen, was ihr zunehmendes – und äußerst willkommenes – Auftauchen vor der Küste Westaustraliens erklären könnte.

Gegenbüber **Ein Charakteristikum des Südkapers sind die verhornten Stellen am Kopf. Diese Hautwucherungen sind bei jedem Tier anders gestaltet; möglicherweise spielen sie eine Rolle bei der Partnerwahl.**

NORDAMERIKA

Vor mehr als 200 Jahren machten sich amerikanische Siedler zu Tausenden von den östlichen Küstenstaaten nach Westen auf und waren maßlos erstaunt über den Tierreichtum, den sie dort vorfanden. In den Wäldern hausten Hirsche, Bären und Wölfe, die Ebenen des mittleren Westens wimmelten geradezu von Huftieren, insbesondere Bisons. Doch nach kurzer Zeit waren viele der größeren Säugetiere und Vögel gefährdet, wenn nicht gar ausgerottet. Mittlerweile hat sich die Situation wieder gebessert: Von der atemberaubenden Bergkulisse des Yellowstone-Nationalparks bis zu den Everglades in Florida bietet Nordamerika zahlreiche Möglichkeiten, Tiere in freier Wildbahn zu sehen. Weitgreifende Umweltschutzmaßnahmen führten zum Erfolg, und der Bestand fast ausgelöschter Arten konnte sich erholen. Doch nach wie vor stellt der Mensch eine Bedrohung für die Tiere dar: Die Ausbeutung Alaskas gibt ebenso wie die Erderwärmung reichlich Anlass zur Sorge.

UNTEN Ein Grizzlybär streunt auf der Suche nach Beute durch die Tundra des Denali-Nationalparks. Die spektakuläre Landschaft des Parks und die weite Verbreitung des größten Säugetiers Nordamerikas machen Denali zu einem Paradies für Natur- und Tierliebhaber.

OBEN **Eine Grizzlybärin mit ihren beiden Jungen. Grizzlybären können zwar bis zu vier Junge zur Welt bringen, Zwillinge sind jedoch die Norm. Sie bleiben mindestens drei Jahre lang bei der Mutter.**

34. Die »Big Five« von Denali

Der mehr als 24 000 Quadratkilometer große Denali-Nationalpark liegt im Herzen des ursprünglichen Alaska an der Nordflanke der spektakulären Alaskakette. Beherrscht wird dieses 650 Kilometer lange Gebirge mit seinen permanent schneebedeckten Gipfeln vom Mount McKinley, der mit 6194 Metern der höchste Berg Nordamerikas ist. Dies ist jedoch nicht der einzige Rekord, den der imposante Mount McKinley hält: Mit fast 5500 Metern vom tundrabedeckten Fuß des Berges bis zu seinem Gipfel ist er auch der steilste Berg der Welt. Ebenso beeindruckend wie diese außergewöhnliche Landschaft ist der Denali-Nationalpark selbst. In den unteren Lagen gibt es sehr alte Wälder – die sogenannte Taiga –, in denen überwiegend Fichten und Weiden wachsen, sowie zahlreiche Flüsse und Feuchtgebiete. In größeren Höhen wandelt sich der Wald zur offenen Tundra mit Moosen, Flechten, Gräsern und anderer Zwergvegetation; im Sommer ist diese Region von blühenden Pflanzen übersät. Noch weiter oben folgen Gletscher, nackter Fels und Schnee.

Nicht minder rekordverdächtig ist die Fauna im Denali-Nationalpark, der sich sogar seiner eigenen »Big Five« rühmen kann: Diese fünf großen Säugetierarten sind Elch *(Alces alces)*, Rentier *(Rangifer tarandus)*, Dall-Schaf *(Ovis dalli)*, Wolf *(Canis lupus)* und Braunbär *(Ursus arctos horribilis)*, der hier als Grizzlybär bekannt ist. Am häufigsten sieht man die Rentiere, die in losen Herden auf der Tundra grasen. In den 1920er und 1930er Jahren gab es hier fast 20 000 Rentiere, in den darauffolgenden Jahren ist ihre Zahl jedoch rapide gesunken; heute gibt es vermutlich weniger als 2000 dieser Tiere im Park. Dies liegt möglicherweise an ihren natürlichen Feinden, den Wölfen und Bären, doch fluktuiert der Rentierbestand – insbesondere in strengen Wintern – ohnehin immer stark. Im Frühjahr ziehen die Kühe zu den Stätten, an denen sie kalben. Einige dieser Stätten liegen

Oben Der Ehrfurcht gebietende Mount McKinley überragt den Denali-Nationalpark mit seinem erstaunlichen Tierreichtum.

zu beiden Seiten der Alaskakette, und um dorthin zu gelangen, müssen die Rentierweibchen viele natürliche Hindernisse wie Tiefschnee und infolge der Schneeschmelze reißende Flüsse überwinden.

Elche halten sich bevorzugt in niedrigeren Höhen auf; sie sieht man am besten in den Wäldern um die Flüsse und Seen. Oft wagen sie sich sogar ins Wasser, um sich an den Wasserpflanzen gütlich zu tun. Im Gegensatz dazu ist das Dall-Schaf ein Bergbewohner; es grast an den Abhängen und auf den Bergkämmen und sucht in Felsen und Schluchten Schutz vor seinen natürlichen Feinden. Das Schaf ist gewissermaßen das Wahrzeichen des Parks, da der Naturforscher Charles Sheldon zu Beginn des 20. Jahrhunderts seinetwegen auf Denali aufmerksam wurde. Er erkannte den Wert der Region als intaktes Ökosystem und kämpfte bei der Bundesregierung dafür, sie zum Schutzgebiet zu erklären. Sein Wunsch ging 1917 in Erfüllung; 1980 wurden die Grenzen des Parks erheblich erweitert.

Wölfe sind zweifelsohne die am schwersten auffindbaren Tiere der »Big Five«; sie sind nicht nur scheu, sondern auch unberechenbar. Grizzlybären sieht man hingegen relativ häufig – der Denali-Nationalpark ist einer der weltweit besten Orte, an denen man das große Raubtier in freier Wildbahn beobachten kann. Im Spätsommer halten sie sich auf der Suche nach Beeren meist in der offenen Tundra auf. Auch Amerikanische Schwarzbären *(Ursus americanus)* gibt es in Denali; sie leben allerdings eher versteckt in den Wäldern. Auseinanderhalten kann man die beiden Arten gut: Das Fell der Grizzlybären variiert farblich stark von dunkel- bis sehr hellbraun; zudem haben die dunkleren Tiere meist blonde »Strähnchen« auf Kopf und Rücken. Das Fell der Schwarzbären ist in aller Regel wirklich schwarz.

Die Wanderung der Bären über die Tundra dient vornehmlich einem Zweck: der Suche nach Nahrung. Die Allesfresser sind nicht besonders wählerisch. Nach der Schneeschmelze erwachen die

Tiere aus ihrem Winterschlaf und ernähren sich von Wurzeln oder Kadaverresten, die die Wölfe übrig gelassen haben. Im Frühjahr jagen sie dann vermehrt Rentiere und Elchkälber, bevor sie sich im Sommer auf eine vegetarischere Kost verlegen und Beeren und blühende Pflanzen fressen. Im Allgemeinen sind Bären Einzelgänger; Ausnahmen bilden nur die Weibchen mit ihren Jungen, die mindestens drei Jahre lang bei der Mutter bleiben. Und auch danach ziehen die Geschwister noch zwei bis drei Jahre gemeinsam umher.

Obwohl die großen Säugetiere den anderen Tieren meist die Show stehlen, gibt es in Denali auch viele interessante Vögel. Im Sommer besuchen Arten wie Moorschneehuhn *(Lagopus lagopus alascensis)*, Spornammer *(Calcarius lapponicus)* und zahlreiche nistende Watvögel die offene Tundra, in den Feuchtgebieten brütet beispielsweise der Trompetenschwan *(Cygnus buccinator)*. Auch Raubvögel wie den Gerfalken *(Falco rusticolus)* und den Steinadler *(Aquila chrysaetos)* kann man sehen. Einzig Reptilien vermisst man in Denali, und es gibt im Park nur eine einzige amphibische Art.

Ein enger Kontakt zwischen Mensch und Tier – etwa das Füttern – ist in Denali verboten, um den ursprünglichen Charakter des Parks zu wahren. Auch private Fahrzeuge sind nicht erlaubt. Ein Besuch ist nur per Bus auf der einzigen Zufahrtsstraße möglich, die vom Eingang zum Wonder Lake führt. Wandern darf man in dem Gebiet zwar auch, das Terrain setzt jedoch eine gute Kondition und umsichtiges Verhalten voraus. Begegnungen mit Bären sind nicht selten – die großartige Landschaft ist diesen Nervenkitzel allerdings durchaus wert. Die Zukunft des fragilen Ökosystems ist dennoch nicht gesichert. So bedroht der Klimawandel viele der örtlichen Tier- und Pflanzenarten, die sich besonders an diese Umgebung angepasst haben. Denn fest steht, dass sich die Erderwärmung auf subpolare Bergregionen wie den Denali-Nationalpark wesentlich stärker auswirken wird als auf Gebiete in gemäßigteren Breiten.

LINKS **Eine Rentierherde zieht über eine schneebedeckte Einöde im Denali-Nationalpark. Die Winter in diesem Teil Alaskas sind lang und streng; Schnee liegt meist von Anfang Oktober bis Ende Mai.**

OBEN **Ein ausgewachsenes männliches Dall-Schaf. Die Tiere bewegen sich in steilem Terrain ausgesprochen geschickt; so entkommen sie ihren natürlichen Feinden wie etwa dem Wolf.**

GEGENÜBER **Frühling in der Sonora-Wüste in Arizona. Ihr Wahrzeichen, der Saguaro-Kaktus, ist kein Selbstbestäuber und deshalb auf Fremdbestäuber wie die Weißflügel-Turteltaube angewiesen.**

LINKS **Klapperschlangen sind in der Regel zu langsam für ihre typische Beute wie etwa kleine Nagetiere. Sie warten einfach, bis ihnen ein Nager zu nahe kommt, und schlagen dann zu.**

35. Wüstenleben in Arizona

In den 1950er und 1960er Jahren vermittelten Kino und Fernsehen ein sehr einseitiges Bild der Wüsten im Südwesten der USA: Diese dienten zu dieser Zeit nämlich nur als Kulisse für rauchende Revolver und Cowboyhelden am Rande der Zivilisation. Tatsächlich bieten die Wüsten die meiste Zeit des Jahres kaum etwas, was man unter dem Stichwort »Komfort« zusammenfassen könnte – unfruchtbare Einöden sind sie deswegen jedoch noch lange nicht. Die 223 000 Quadratkilometer große Sonora-Wüste beispielsweise, die den Südosten bzw. Südwesten von Kalifornien und Arizona sowie die westliche Hälfte des gleichnamigen mexikanischen Bundesstaates und einen Großteil der oberen Baja California bedeckt, weist die größte pflanzliche Artenvielfalt aller Wüsten weltweit auf. Mehr als 550 Pflanzenarten sind bislang hier verzeichnet, darüber hinaus gibt es auch einen beeindruckenden Tierreichtum. Die meisten Naturliebhaber kommen aus drei Gründen: der Kakteen, Vögel und Reptilien wegen.

Arizona ist ein Kakteenland par excellence; eine Spezies hat sich mittlerweile jedoch zum Wahrzeichen der Wüste schlechthin entwickelt: der Saguaro *(Cereus giganteus)*. Die große, langsam wachsende Pflanze findet man auf Geröll, Felskämmen und Sander-Schwemmkegeln in bis zu 1000 Meter Höhe; außergewöhnliche Exemplare werden mehr als 13 Meter hoch und erreichen einen Stammdurchmesser von drei Metern – in 200 Jahren. In einer solchen Zeitspanne bildet der Saguaro mehrere Seitentriebe aus, die alle zur erstaunlichen Wasserspeicherkapazität der Pflanze beitragen. Ältere Saguaros können deshalb langen Dürreperioden standhalten; nach schwerem Regen schwellen sie sichtbar an. Das kostbare Nass ist auch der Grund dafür, warum die Stacheln des Kaktus nach unten weisen: So wird das Wasser direkt zur Basis geleitet.

Bei einer so großen Pflanze überrascht es umso mehr, dass sie nur so selten blüht. Die übelriechenden weißlichen Blüten erscheinen nur eine Nacht im Jahr, meist im Mai oder Juni. Sie öffnen sich um Mitternacht und werden von Fledermäusen und Insekten bestäubt. Bereits am Mittag des folgenden Tages schließen sie sich wieder und sterben ab. Allerdings erscheinen nicht alle Blüten einer Pflanze gleichzeitig, meist zieht sich diese Phase einen Monat lang hin. Da sie in der letzten Zeit Diebstählen, simplem Vandalismus und dem Straßenbau zum Opfer fielen, stehen Saguaros mittlerweile unter Umweltschutz. Einer der besten Orte, an denen man die imposante Pflanze in all ihrer Pracht bewundern kann, ist der Saguaro-Nationalpark in der Nähe von Tucson.

Die Wüstenregionen Arizonas gehören zu den vogelreichsten der Vereinigten Staaten: Mehr als 40 Prozent aller amerikanischen Landvogelarten tauchen hier von Zeit zu Zeit auf, darunter zwei endemische Sperlingsarten und eine Vielzahl anderer, speziell an Wüstenbedingungen angepasster Spezies. Einige davon stehen in einer engen ökologischen Beziehung zum Saguaro, so etwa der

Gilaspecht *(Melanerpes uropygialis)*, der Wüstengoldspecht *(Colaptes chrysoides)* und die Weißflügel-Turteltaube *(Zenaida asiatica)*. Die ersten beiden Arten bauen Nester in den Kaktus, indem sie Löcher in die Triebe hacken; beim Gilaspecht ist das nicht weiter problematisch, der Wüstengoldspecht hackt jedoch sehr große Löcher, die sogar zum Absterben der Pflanze führen können. Beide Arten bauen Jahr für Jahr neue Nester; die alten dienen anderen Vögeln als Unterschlupf, etwa dem Elfenkauz *(Micrathene whitneyi)*. Die Weißflügel-Turteltaube ist ein Zugvogel; da sie sich vorzugsweise von Pollen, Nektar, Früchten und Samen des Saguaro ernährt, stimmt sie ihren Aufenthalt in den Wüsten Arizonas auf die Blütezeit der Pflanze ab. Einer der bekanntesten Wüstenvögel ist der Wegekuckuck *(Geococcyx californianus)* – englisch: Roadrunner –, der zu Fuß eine Geschwindigkeit von 27 Stundenkilometern erreicht. Auf seinem Speiseplan stehen Insekten und Reptilien, sogar Skorpione und Klapperschlangen.

In den Wüsten von Arizona sind fast 60 Reptilienarten heimisch. Für den Besucher am wahrscheinlichsten ist die Begegnung mit einer kleinen Echse, es gibt jedoch auch einige ganz besondere, nur hier vorkommende Spezies. Dazu gehören die Kalifornische Gopherschildkröte *(Gopherus agassizii)*, die heute größtenteils unter Schutz steht, und die Gila-Krustenechse *(Heloderma suspectum)*, die man allerdings nur mit viel Glück in freier Wildbahn sehen kann. Wie viele andere Wüstenbewohner verbringt auch die Gila-Krustenechse 95 Prozent ihrer Zeit in unterirdischen Bauen und jagt bevorzugt in der kühleren Nacht. Sie bewegt sich sehr langsam und greift nur selten an, ist aber eine der beiden giftigen Echsenarten, die es auf der Welt gibt. Das Gift produziert sie in Kerben in ihren Zähnen. Jüngeren Forschungen zufolge kann man dieses Gift auch in der Diabetesbehandlung einsetzen, da es die Insulinproduktion stimuliert.

Wissenschaftliche Entdeckungen wie diese unterstreichen einmal mehr, wie dringend erforderlich es ist, die Landschaften und Tiere dieses faszinierenden Ökosystems zu schützen. Die Sonora-Wüste befindet sich in einem äußerst fragilen Gleichgewicht; der Druck von außen nimmt zu, beispielsweise durch die wachsende menschliche Bevölkerung, die immer mehr Land in Anspruch nimmt und die Wasserressourcen erschöpft. Die landwirtschaftliche Nutzung insbesondere der flussnahen Gebiete ist bereits ein großes Problem; die Einführung fremder Pflanzenarten – etwa von Wimper-Stachelgras *(Cechrus ciliaris)* zum Weiden des Viehs – verdrängt einheimische Pflanzen und reduziert damit die Artenvielfalt. Auch der Tourismus muss sorgfältig überwacht, der Zugang zu den Wüsten eingeschränkt werden. Anlass zur Sorge gab 2007 auch das Vorhaben der US-Bundesregierung, einen 1100 Kilometer langen Zaun zu errichten, der den Zustrom illegaler Einwanderer aus dem Süden begrenzen sollte. Wenn der Zaun wirklich gebaut werden sollte, wird er auch größere Säugetiere in ihrem Zugverhalten beeinflussen, beispielsweise Wölfe oder Großkatzen wie den Jaguar *(Panthera onca)*, der in Arizona, nicht aber in Mexiko ausgestorben ist.

GEGENÜBER OBEN **Den meisten großen Saguaros können die Nistlöcher von Vögeln wie dem hier abgebildeten Gilaspecht nichts anhaben; manchmal wird ein einzelner Trieb dadurch jedoch geschwächt.**

GEGENÜBER UNTEN **Dass sich Großstädte wie Phoenix und Tucson immer mehr in die Wüste ausdehnen, bereitet Umweltschützern erhebliche Sorgen. Einige Arten scheinen sich jedoch auch daran anzupassen; der Wegekuckuck gilt in manchen Gegenden schon als Gartenvogel.**

GANZ OBEN **Die Wüste ist auch die Heimat vieler Vogelspinnenarten (*Aphonopelma* sp.), die trotz ihrer Größe ausgesprochen friedliche Kreaturen sind. In der Hitze des Tages halten sie sich meist unter der Erde auf.**

OBEN **Die beste Chance, einen nachtaktiven Elfenkauz zu sehen, ist, geduldig bis zur Abenddämmerung vor seinem Nest zu warten. Meist tauchen die Vögel dann auf – in diesem Fall zwei Jungtiere.**

LINKS **Gila-Krustenechsen ernähren sich von anderen Reptilien und Nagetieren. Meist bewegen sie sich sehr langsam, nur beim Packen der Beute sind sie blitzschnell.**

GEGENÜBER OBEN **Ein Seeotter in typischer Pose: Er lässt sich auf dem Rücken an der Wasseroberfläche treiben und hat die Vorderpfoten vor der Brust verschränkt.**

GEGENÜBER UNTEN **Die Seeelefantenkolonie bei Piedras Blancas. Die beiden Bullen im Vordergrund messen ihre Kräfte, den Großteil des Tages verbringen die Tiere allerdings ruhend oder schlafend.**

LINKS **Die abgelegene und zerklüftete Küste in diesem Teil Kaliforniens bietet bedeutenden Populationen seltener Meeressäuger eine Heimat.**

36. Meeressäuger an der kalifornischen Küste

Kalifornien bietet sich wie kaum ein anderer Ort in Nordamerika zur Tierbeobachtung an. Ein Highlight stellen zweifelsohne die zahlreichen Meeressäuger dar, die sich in den Gewässern vor der Monterey Bay und südlich an der Küste entlang bis nach Big Sur tummeln, wo die Santa Lucia Mountains auf die felsige Pazifikküste treffen. Dieser 150 Kilometer lange Abschnitt ist nicht nur landschaftlich wunderschön, sondern auch abgelegen und dünn besiedelt; umweltbewusste Landbesitzer und staatlicher Schutz haben dafür gesorgt, dass dies auch so blieb. Hier herrscht ein sagenhafter Tierreichtum; küstennahe Tiefseegräben versorgen das Meer mit nährstoffreichem Kaltwasser, das Seevögel und Meeressäuger gleichermaßen anzieht. Feuchte Winter, gleichbleibende Jahrestemperaturen und dichte Sommernebel bestimmen das Wetter und spiegeln sich in der örtlichen Flora wider; so ist Big Sur der südlichste Außenposten des höchsten Baums von Nordamerika, des Küstenmammutbaums *(Sequoia sempervirens)*.

Fast das ganze Jahr über kann man den Kalifornischen Seelöwen *(Zalophus californianus)* hier sehen; er hält sich oft in der Nähe der Häfen auf, etwa in der Gegend um Monterey. Andere Arten bekommt man nicht so leicht zu Gesicht. Ausgesprochen beliebt ist der Kalifornische Seeotter *(Enhydra lutris nereis)*, der einst entlang der Westküste der USA und Kanadas weit verbreitet war. Doch aufgrund seines sehr dichten Fells wurde er gnadenlos gejagt, bis in den 1920er Jahren nur noch kleine isolierte Gruppen der Tiere übrig waren. Man hatte sogar angenommen, die Spezies sei in Kalifornien ganz ausgestorben, doch 1938 entdeckte man in den Riementangwäldern südlich von Carmel eine kleine Seeotterkolonie. Seitdem steht die Art unter strengem Schutz, der Bestand ist auf mehr als 2000 Tiere gestiegen. Heute bevölkern die Otter wieder viele ihrer früheren Habitate. Die beste Chance, einen zu sehen, hat man um die Monterey-Halbinsel herum; Otter bevorzugen seichte Gewässer und entfernen sich kaum mehr als einen oder zwei Kilometer von der Küste.

Seeotter sprechen uns meist besonders an. Oft sieht man sie in kleinen Grüppchen an der Wasseroberfläche faulenzen, auf dem Rücken liegend und mit leicht erhobenem Kopf. Dösende Otter verschränken die Pfoten vor der Brust. Interessant ist auch die Fähigkeit der Tiere, Werkzeuge zu benutzen. Beim Fressen etwa verwenden sie ihre Brust als Tisch; sie platzieren einen flachen Stein darauf und schlagen Krabben, Schaltiere und Seeigel dagegen, bis sie deren Panzer geknackt haben. Lieblingssteine und Nahrungsreste bewahren sie manchmal in Hautfalten unter ihren Vorderbeinen auf. Nachts wickeln sich die Otter sogar in Seetang, um nicht von der Strömung fortgetragen zu werden.

Ein weiterer an der nordamerikanischen Westküste heimischer Meeressäuger ist der Nördliche Seeelefant *(Mirounga angustirostris)*. Auch er hat im 19. Jahrhundert stark unter dem Menschen gelitten – aus seinem Fett stellte man Öl her. So wurde die Art nach und nach fast ausgerottet, bis zu

Gegenüber oben **Seeotter sieht man nun wieder recht häufig an der Küste vor Big Sur, doch sind die Tiere nach wie vor durch Umweltverschmutzung und den Klimawandel bedroht.**

Gegenüber unten **Die Population wieder ausgewilderter Kalifornischer Kondore wird streng überwacht. Die Tiere werden mit Sendern versehen, damit man sie identifizieren und ihre Bewegungen nachverfolgen kann.**

Oben **Eine Gruppe junger Seeelefanten bei Año Nuevo. Die fast ausgerottete Art hat sich dank umfangreicher Schutzmaßnahmen inzwischen wieder erholt.**

Beginn des 20. Jahrhunderts nur noch eine kleine Kolonie der Tiere übrig war. Dank umfangreicher Schutzmaßnahmen hat sich die Population mittlerweile wieder erholt; die beiden größten Brutplätze auf dem Festland, die es weltweit gibt, sind der Año Nuevo Point nördlich von Monterey und Piedras Blancas am südlichen Ende der Big-Sur-Küste.

Big Sur ist auch einer der besten Orte in Nordamerika, um Grauwale *(Eschrichtius robustus)* zu sehen. Zweimal im Jahr zieht fast die gesamte Grauwalpopulation an der Küste vorbei; die Tiere überwintern in der Baja California, wo die Weibchen auch die Jungen zur Welt bringen, und ziehen anschließend in ihre sommerlichen Gefilde in der Beringsee. Von dort aus geht die bemerkenswerte, rund 20 000 Kilometer lange Reise wieder zurück – die wahrscheinlich längste Wanderung, die Säugetiere weltweit unternehmen. Die Tiere bevorzugen seichte Gewässer und ziehen in kleinen Gruppen umher; dabei kommen sie ganz nah an die Küste heran und bieten den vielen Besuchern, die einen Blick auf sie zu erhaschen hoffen, einen atemberaubenden Anblick. Besonders im Frühling lohnt sich die Walbeobachtung; dann werden die Weibchen auf ihrem Weg nach Norden von den neugeborenen Kälbern begleitet. Die Kühe achten darauf, dass die Jungen auf der küstennahen Seite schwimmen – vermutlich um das Risiko eines Hai- oder Orcaangriffs (*Orcinus orca*) zu mindern.

Neben den vielen Säugetieren kann sich Big Sur einer weiteren Attraktion rühmen: des größten Landvogels Nordamerikas. Durch illegale Jagd und Zerstörung seines Lebensraums ist der Bestand des Kalifornischen Kondors *(Gymnogyps californianus)* stark gesunken; Anfang der 1980er Jahre gab es nur noch knapp 25 Tiere in freier Wildbahn. Diese fing man ein, um mit ihnen ein Zuchtprogramm mit dem Ziel der Wiederauswilderung zu starten. Die ersten Tiere wurden 1992 in die Wildnis entlassen, heute gibt es wieder mehr als 120 Kalifornische Kondore in Kalifornien und Arizona. Einige der majestätischen Vögel kann man regelmäßig über Big Sur ihre Bahnen ziehen sehen; im Jahr 2006 nistete ein Pärchen hier – das erste seit über einem Jahrhundert, das so weit nördlich in Kalifornien brütete. So ist dieser wilde und ursprüngliche Teil des Sonnenstaates für viele Arten, die schon kurz vor der Ausrottung standen, ein Refugium. Die Aussichten sind gut: Die Meeressäugerpopulationen sind stabil, der Kondorbestand wächst. Doch prekär bleibt das vorerst hergestellte Gleichgewicht allemal – havariert etwa auch nur ein einziger Öltanker, könnte dadurch die gesamte örtliche Seeotterpopulation ausgelöscht werden, und die in die Freiheit entlassenen Kondore sind von Bleivergiftungen und Über-Land-Stromleitungen bedroht.

LINKS Ein Kalifornischer Seelöwenbulle inmitten seines Harems. Die Tiere haben im Allgemeinen wenig Angst vor dem Menschen und können diesem teilweise sogar gefährlich werden.

37. Yellowstone: Die Rückkehr des Wolfs

Yellowstone wurde 1872 als erster Nationalpark der Welt gegründet und war ursprünglich wegen seiner einzigartigen Landschaft und seiner spektakulären geologischen Formationen wie etwa dem Geysir »Old Faithful« berühmt. Heute ist Yellowstone zu Recht als Tierparadies bekannt: Hier herrscht die größte Dichte an Landsäugetieren in den Vereinigten Staaten, abgesehen von Alaska. Der Park liegt größtenteils in Wyoming, erstreckt sich jedoch auch in die Nachbarstaaten Idaho und Montana. Das Ökosystem umfasst weite Flächen unberührter Habitate, von Mischwäldern über flussnahe Feuchtgebiete bis zur offenen Prärie – sowie mehr als 60 verschiedene Säugetierarten. Dazu gehören sowohl der Grizzly- als auch der Schwarzbär *(Ursus arctos horribilis* und *U. americanus)*, der Wolf *(Canis lupus)*, der Amerikanische Bison *(Bison bison)*, der Gabelbock *(Antilocapra americana)*, der Elch *(Alces alces)*, der Wapiti *(Cervus canadensis)*, der Maultierhirsch *(Odocoileus hemionus)* und das Dickhornschaf *(Ovis canadensis)*. Vielfalt und Anzahl der Tiere machen dieses Schutzgebiet mit seiner atemberaubenden Landschaft zu einem der schönsten der Welt.

Zu den wichtigsten Entwicklungen, die in den letzten Jahren in Yellowstone stattgefunden haben, zählt zweifelsohne die Wiedereinführung des Wolfs. Das in der Gegend heimische Tier wurde im Zuge eines »Raubtierkontrollprogramms« im Park und seiner Umgebung systematisch verfolgt. In den 1930er Jahren war der Wolf hier ausgestorben. Die Auslöschung des größten Raubtiers hatte jedoch schwerwiegende Auswirkungen auf das Ökosystem. Die örtliche Wapiti-Population stieg so stark an, dass die Vegetation des Parks darunter litt, insbesondere Schlüsselspezies wie die Espe und die Weide. Damit wiederum ging ein Lebensraum des Kanadischen Bibers *(Castor canadensis)* verloren, dessen Bestand sank, was zu einem ökologischen Ungleichgewicht bei den Feuchtbiotopen des Parks führte. Allmählich wurde klar: Ohne Wölfe geriet das gesamte Yellowstone-Ökosystem ins Wanken, und man entschloss sich zur Wiedereinführung des Tiers.

1995/96 fing man 31 junge Wölfe in Kanada ein und brachte sie nach Yellowstone. Sie gediehen prächtig – inzwischen gibt es schätzungsweise wieder 120 Wölfe, die in 13 Rudeln durch den Park ziehen; Anzahl und Größe der Rudel verändern sich jedoch ständig. Hauptbeute der Wölfe sind die Wapitis, sie machen bis zu 75 Prozent ihrer Nahrung aus. Daneben verschmähen sie aber auch Bisons und kleinere Säugetiere wie Skunks nicht. Wölfe bei der Jagd beobachten zu können ist ein

LINKS **Bis zu drei Millionen Besucher verzeichnet Yellowstone jährlich; Hauptattraktionen sind die Tiere, die spektakuläre Landschaft und die berühmten aktiven Vulkane.**

OBEN **Der in weiten Teilen der Welt immer noch gefürchtete Wolf hat in Yellowstone eine zweite Chance bekommen. In anderen Gegenden Nordamerikas darf er jedoch immer noch gejagt werden.**

RECHTS **Schwarzbären sieht man kaum gemeinsam mit Grizzlys – eher haben sie mit dem Menschen Kontakt. Das Durchstöbern von Mülltonnen sorgt immer wieder für Konflikte.**

GEGENÜBER OBEN **Der Gabelbock ist Nordamerikas schnellstes Säugetier – er erreicht beim Laufen eine Geschwindigkeit von fast 100 Stundenkilometern.**

GEGENÜBER UNTEN **Zwei männliche Wapitis kämpfen miteinander. Dies kommt zwischen den Männchen häufig vor, meist geht es um ein Weibchen. Manchmal wird der Kampf bis zum Tod eines der Tiere ausgetragen.**

außergewöhnliches Erlebnis; die scheuen und vorsichtigen Tiere in Yellowstone überhaupt zu Gesicht zu bekommen, ist keineswegs sicher. Die beste Chance hat man im Lamar Valley, wo man gelegentlich ein größeres Rudel oder – öfter – kleinere Gruppen bzw. einen Einzelgänger sehen kann. Die beste Jahreszeit zur Tierbeobachtung in Yellowstone ist der Winter. Die Bären befinden sich zu dieser Zeit zwar im Winterschlaf, alle anderen größeren Säugetiere sind jedoch aktiv und versammeln sich meist in der Nähe ihrer Nahrungs- und Wasservorräte. Zu den weiteren großen Naturerlebnissen in der Gegend zählt auch der Anblick der 6000 bis 7000 Tiere starken Winterherde der Wapitis im National Elk Refuge, das im Westen an Yellowstone grenzt.

Mit der Rückkehr des Wolfs sind alle strategisch wichtigen Positionen im Ökosystem Yellowstone wieder besetzt, was den Park zu einem weltweit nahezu einzigartigen Forschungsgebiet macht. Auf dieser Grundlage ist auch das sogenannte Yellowstone-to-Yukon-Projekt, kurz: Y2Y, entstanden. Im Mittelpunkt des visionären Konzepts steht die Entwicklung eines ganzen Netzwerks von Tierschutzzentren und die Schaffung von »Korridoren«, in denen die Tiere sich ungehindert von Yellowstone bis zum Yukon im Norden Kanadas bewegen können. Die Idee eines solchermaßen großflächigen Schutzgebietes begeistert Umweltschützer in Nordamerika und Europa gleichermaßen.

Die Umsetzung des Projekts gestaltet sich allerdings äußerst problematisch. Die Gas- und Ölindustrie verteidigt ihre kommerziellen Interessen mit allen Mitteln und mobilisiert ihre Lobby, die sich für die Ausdehnung von Probebohrungen in der Gegend einsetzt. Mancherorts ist dies schon geschehen und hat dazu geführt, dass der Maultierhirschbestand um fast die Hälfte gesunken ist und traditionelle Zugrouten unterbrochen wurden. Widerstand kommt auch vonseiten der Viehzüchter – sie wehren sich vor allem gegen eine Ausweitung der Bisonpopulation über die Grenzen des Nationalparks hinaus. In strengen Wintern verlassen die Tiere bereits vereinzelt den Park und suchen jenseits der nördlichen und westlichen Grenze in niedrigeren Höhen nach Nahrung. Die Viehbesitzer haben Angst, dass die Bisons ihre Tiere mit Brucellose infizieren, wenngleich das Risiko einer direkten Ansteckung sehr gering ist. Bislang trieb man streunende Bisons – die letzten Vertreter einer wild lebenden Herde in den USA – deshalb zusammen und sonderte kranke Tiere aus, was in den vergangenen Jahren sogar die Form einer lizenzierten Jagd angenommen hat.

Die Wolfbestände im Yellowstone-Nationalpark haben sich zwar erholt, gleichzeitig sind jedoch die alten, damit verbundenen Probleme wieder aufgetaucht. Anfang 2007 erwog die US-Bundesregierung, den Wolf in einigen US-Staaten von der Liste gefährdeter Arten zu streichen, darunter auch in Idaho, Montana und Wyoming. Die Population sei einfach zu groß geworden, argumentierte man. Wird dieser Vorschlag realisiert, werden auch öffentliche Jagden wieder erlaubt sein. In Idaho existieren bereits Pläne, die örtliche Wolfpopulation um 80 Prozent zu verringern – rund 550 von insgesamt 650 Tieren zu töten –, und das kaum mehr als zehn Jahre nach einem kostspieligen Wiedereinführungsprogramm, das die Wiederansiedelung des Wolfs in der Gegend zum Ziel hatte.

NACHFOLGENDE DOPPELSEITE **Nach der fast vollständigen Auslöschung des Tieres im 19. Jahrhundert ist die Population des Amerikanischen Bisons heute wieder relativ stabil.**

38. Tropisches Amerika: Die Everglades

Schon lange hat Florida einen Ruf als beliebtes Urlaubsziel und Zufluchtsort von Rentnern aus nördlicheren Gefilden, die ihren Lebensabend in sonniger Wärme verbringen wollen. Die Bevölkerung wächst rasch, der Druck auf Land und Ressourcen nimmt zu – doch der »Sunshine State« hat auch eine wilde, ursprüngliche Seite. In seinem subtropischen Klima fühlt sich eine Vielzahl von Tieren wohl, die sonst nirgends in Nordamerika vorkommen; in einem ausgedehnten Netzwerk von Schutzgebieten bleiben die Überreste der einst riesigen Flächen von Wäldern und Feuchtbiotopen erhalten. An erster Stelle sind hierbei die Everglades zu nennen, die man früher als nutzlosen Sumpf betrachtete und zur Bebauung trockenlegte. Ein bedeutender Teil davon wurde 1947 jedoch zum Nationalpark erklärt und hat seit 1979 den Status als Welterbestätte.

Der Nationalpark nimmt den südlichen Teil der übrig gebliebenen Everglades ein und umfasst etwas mehr als 6000 Quadratkilometer; damit ist er die größte Wildnis der östlichen USA. Auf den ersten Blick ruft die Landschaft kaum Begeisterungsstürme hervor – ein scheinbar endloses Meer von Riedgras *(Cladium jamaicense)*, dazwischen gelegentlich offenes Gewässer und kleine Wäldchen. Der erste Eindruck täuscht jedoch; in Wirklichkeit sind die Everglades ein hochkomplexes und dynamisches Ökosystem, dessen Gleichgewicht in erster Linie vom Lake Okeechobee im Norden abhängt. Die schweren sommerlichen Niederschläge füllen den See und sickern in südliche Richtung durch die Everglades, bevor sie in den Golf von Mexiko münden.

Somit ist das Feuchtgebiet ständig in Bewegung, und die örtliche Fauna hängt vom Kommen und Gehen des Wassers ab. Viele Wasservögel brüten während des trockenen Winters; für sie ist dies eine Zeit des Überflusses, da sich ihre Beute auf die wenigen verbliebenen Wasserstellen konzentriert. Der Rhythmus von Ebbe und Flut spiegelt sich auch in der Vielfalt der Lebensräume. Obwohl die Süßwassermarschen die Landschaft beherrschen, gibt es auch trockenere, von Kiefern bewachsene Kalksteinkämme und kleinere baumbestandene Inselchen in den Marschen, auf denen Harthölzer wie Mahagoni, Eiche und Walnuss wachsen. Zudem werden die Marschen von Zypressenwäldchen gesäumt, die an stehende Gewässer bestens angepasst und mit dem charakteristischen Louisianamoos verziert sind. An den Küstenkanälen befinden sich wichtige Mangrovenwälder, die in der Nähe des Golfs in Seegrasvegetation übergehen.

Die meisten Besucher assoziieren mit den Everglades zwei Dinge: Vögel und Alligatoren. Beide kommen häufig vor und sind oft zu sehen, was allerdings nicht immer der Fall war. In der ersten Hälfte des 20. Jahrhunderts war der Mississippi-Alligator *(Alligator mississippiensis)* aufgrund illegaler Jagd fast ausgerottet; seit 1961 steht er unter Schutz. Daraufhin stieg der Bestand rasch

RECHTS **Im subtropischen Klima Floridas fühlt sich auch der Rosalöffler wohl – ein Schreitvogel aus der Familie der Ibisse.**

GEGENÜBER **Weite Teile der Everglades sind Menschen nur schwer zugänglich; diese Gebiete stehen fast das ganze Jahr unter Wasser. Der Lebensraum beherbergt eine Vielzahl von Tieren, die es in Nordamerika sonst nicht gibt.**

GANZ LINKS Das Purpurrote Gallinule oder Purpurhuhn *(Porphyrio martinica)* ist ein in den gesamten USA weit verbreiteter Zugvogel. In den warmen Everglades kommt es das ganze Jahr über vor.

LINKS Der hoch spezialisierte Schneckenweih ist überwiegend in Südamerika heimisch, kommt jedoch auch im südlichen Florida vor.

LINKS Die Feuchtgebiete Floridas – wie das hier abgebildete Fakahatchee State Preserve – vereinigen zahlreiche Habitate und spielen im Ökosystem der Everglades eine wichtige Rolle.

LINKS **Der Florida-Panther – ein seltener Anblick. Die Tiere sind auch als Pumas oder Berglöwen bekannt und wurden in der Gegend fast ausgerottet. Heute stehen sie unter Schutz und wurden erfolgreich wieder eingeführt.**

wieder an; mittlerweile konnte die Spezies von der Liste gefährdeter Arten gestrichen werden und hat sich in manchen Gegenden zu einer regelrechten Plage entwickelt. Das größte im Park heimische Raubtier greift gelegentlich sogar Pumas an (siehe unten), wurde in den letzten Jahren allerdings vermehrt Opfer nicht-einheimischer Pythons. Wesentlich scheuer und seltener als der Alligator ist das Spitzkrokodil *(Crocodylus acutus)*, das man an seiner schmaleren Schnauze und an den immer sichtbaren unteren Zähnen erkennt. Auch dieses Tier wurde in der Vergangenheit viel gejagt; in den gesamten Vereinigten Staaten gibt es nur noch knapp 1500 Spitzkrokodile, ein beträchtlicher Teil der Population lebt in den Everglades.

Zu den rund 400 Vogelarten, die man bislang in den Everglades registrierte, gehören auch einige exotische Spezies, darunter Wasservögel wie Waldstorch *(Mycteria americana)*, Rallenkranich *(Aramus guarauna)*, Rosalöffler *(Ajaja ajaja)* und Rötelreiher *(Egretta rufescens)*. Am interessantesten ist jedoch der Schneckenweih *(Rostrhamus sociabilis plumbeus)*, ein Raubvogel. Er ernährt sich ausschließlich von Apfelschnecken *(Ampullariidae* sp.), die er mit seinem speziell geformten Schnabel aufbricht; der elegante Vogel ist im südlichen Florida relativ weit verbreitet.

Ein weiterer faszinierender Bewohner der Everglades ist der Florida-Panther *(Felis concolor coryi)*. eine Unterart des Pumas oder Berglöwen. Pumas waren in großen Teilen Nordamerikas einst weit verbreitet, durch Jagd und Zerstörung des Lebensraums östlich des Mississippi jedoch schon ausgerottet. Obwohl man in einigen östlichen Staaten der USA in den letzten Jahren immer wieder Pumas gesichtet hat, ist die Population in Florida die einzige bedeutende. Doch noch sind die Tiere nicht außer Gefahr: Die Population ist von 30 Tieren zwar auf knapp 100 gestiegen, diese jedoch sind in erster Linie von genetischer Degeneration bedroht. Um dem entgegenzuwirken, setzte man 1995 acht Pumaweibchen aus Texas in Südflorida aus. Fünf davon haben sich erfolgreich mit den einheimischen Männchen gepaart. Die Jungen haben eine wesentlich bessere Überlebenschance als ihre reinrassigen Artverwandten und tragen in Zukunft hoffentlich dazu bei, dass sich das Erbgut der Population weiter verbessert, Gendefekte ausbleiben und die Anzahl der Tiere wieder steigt.

Die Umweltschützer, die sich für die Everglades einsetzen, müssen sich etlichen Herausforderungen stellen. Eine davon ist der Einfluss fremder Pflanzenarten, von denen es im Park mindestens 221 gibt. Das größte Problem jedoch ist die Bewässerung: Die Everglades trocknen langsam aus. In den Tagen, als das Wasser je nach Jahreszeit ungehindert von Norden nach Süden fließen konnte, waren die Everglades ein wahres Paradies für brütende Wasservögel. In den 1930er Jahren beispielsweise nisteten ungefähr 300 000 Vögel hier. Heute gibt es nur noch etwa 30 000 Exemplare – da das Wasser, das ihren Lebensraum ausmacht, in die Städte und auf die Felder umgeleitet wurde. Kommt zu wenig Wasser im Park an, gibt es auch zu wenige der winzigen Organismen, die im Wasser leben und an unterster Stelle der Nahrungskette stehen. Davon ist beispielsweise die Apfelschnecke betroffen, ausschließliche Nahrung des Schneckenweihs, weshalb es kaum verwundert, dass auch der Bestand dieses majestätischen Raubvogels gesunken ist. Und dies ist nur ein Anzeichen dafür, dass sich das Ökosystem der Everglades in einem äußerst prekären Gleichgewicht befindet.

LINKS Alligatoren wurden einst erbarmungslos wegen ihrer Haut gejagt; inzwischen hat sich die Population wieder erholt. Das südliche Florida gehört zu den wenigen Gegenden auf der Welt, in denen Alligatoren und Krokodile Seite an Seite leben.

39. Eisbären in Churchill

Seit den späten 1970er Jahren ist die kanadische Stadt Churchill berühmt für ihre Eisbären *(Ursus maritimus)*. Das Gebiet liegt bei 58 Grad nördlicher Breite und damit zu weit südlich, um der Arktis zugerechnet zu werden, doch hat die Hudson Bay einen kühlenden Einfluss auf Landschaft, Klima, Flora und Fauna der Region. Deshalb kann man hier Tiere sehen, die man sonst nur unter erheblich größerem Aufwand zu Gesicht bekommt. Die meisten Besucher reisen direkt nach Churchill; die Stadt ist allerdings weniger als 50 Kilometer vom Wapusk-Nationalpark entfernt, der zu den größten Kanadas gehört. Der Park wurde 1996 zum Schutz der Eisbären in diesem Abschnitt der westlichen Hudson Bay gegründet; er liegt in der Übergangszone zwischen Tundra und Taiga. Abgesehen davon, dass Wapusk einen der weltweit südlichsten Außenposten des Eisbären darstellt, ist der Park ganz besonders auch als Gegend bekannt, in der es zahlreiche Eisbärenhöhlen gibt, in die sich die Tiere zurückziehen, um ihre Jungen zur Welt zu bringen. Einige der Geburtshöhlen scheinen seit Jahrzehnten, wenn nicht seit Jahrhunderten in Gebrauch zu sein.

Der natürliche Lebensraum des Eisbären ist das offene Packeis, wo er nach Robben, seiner Lieblingsbeute, jagt. Eisbären sind zwar gute Schwimmer, im offenen Meer sind die Robben jedoch zu schnell für sie; so lauern sie ihnen auf, wenn sich die Robben auf dem Eis ausruhen oder aus dem Wasser auftauchen, um Luft zu holen. Bevorzugte Beute ist die Eismeerringelrobbe *(Pusa hispida)*, doch sind die Tiere nicht wählerisch und nehmen auch mit anderen Säugetieren, Vögeln, Krustentieren und Fischen sowie Aas vorlieb. Die Bären in der Hudson Bay verbringen mehr als die Hälfte des Jahres auf dem Eis, das im Juli jedoch fast vollständig geschmolzen ist; dann kommen die Bären an Land und versammeln sich in großer Zahl in der Tundra und auf den Felsen um Cape Churchill. Hier hat man die beste Chance, die beeindruckenden Raubtiere zu beobachten. In dieser Zeit fasten die Bären und verlieren enorm an Gewicht; im November friert die Bucht wieder zu, und die Eisbären können erneut auf die Jagd gehen.

Auch wenn sie nicht ihr volles Gewicht haben, sind ausgewachsene Eisbären recht Respekt einflößend. Ein geschlechtsreifes Männchen wiegt zwischen 300 und 450 Kilogramm – das größte, in der Gegend um Churchill gesichtete Tier war annähernd 700 Kilogramm schwer – und erreichte eine

GEGENÜBER **Auge in Auge mit einem Eisbären. In den 1960er und 1970er Jahren war die illegale Jagd auf Eisbären – u.a. aus Hubschraubern – ein weit verbreitetes »Freizeitvergnügen«.**

UNTEN **Eine Eisbärin mit einem Jungen. Den größten Teil des Jahres leben Eisbären unter Bedingungen, an die nur wenige andere Säugetiere angepasst sind. Durch die Erderwärmung schmilzt ihr Lebensraum im wahrsten Sinne des Wortes dahin.**

GEGENÜBER OBEN **Belugawale bevorzugen küstennahe Gewässer und Flussmündungen; meist versammeln sie sich dort zu Hunderten.**

GEGENÜBER UNTEN **Wie alle arktischen Säugetiere, außer dem Eisbären, tauscht auch der Polarfuchs sein weißes Winterfell gegen ein dunkleres Sommerfell ein. Die neugierigen Tiere kann man in der Gegend um Churchill häufig sehen.**

RECHTS **Zu den schönsten Naturerlebnissen im Norden gehört der Anblick einer Schneeeule, die die Tundra nach Nagetieren absucht. Die nomadische Spezies zieht dahin, wo es die meiste Nahrung gibt.**

Größe von 2,50 Metern. Die Weibchen wiegen zwar »nur« etwa 300 Kilogramm, sind jedoch nicht minder gefährlich als die Männchen. Am besten vermeidet man jeden engeren Kontakt; wenn man sich den Tieren überhaupt nähert, dann nur mit der allergrößten Vorsicht und keinesfalls zu Fuß – das unberechenbare Raubtier holt einen Menschen mühelos ein. Die Tausende von Besuchern, die jährlich nach Churchill reisen, um die Bären in freier Wildbahn zu sehen, tun dies mit den eigens dafür konstruierten »Tundra-Buggys«, die größtmöglichen Komfort und Sicherheit bieten. Nichtsdestotrotz finden auch in Churchill gelegentlich besorgniserregendere Begegnungen zwischen Mensch und Eisbär statt: Denn manchmal verirrt sich einer der Bären sogar bis in die Zivilisation. Dieser wird dann betäubt und aus der Gegend fortgeschafft.

Eisbären sind jedoch nicht die einzige Tierattraktion in der Churchill-Wapusk-Region. Weit verbreitet ist auch der Polarfuchs *(Vulpes lagopus)*, und im Spätfrühling brüten in der Tundra Hunderttausende von Enten und Watvögeln. Im Juli und August bilden die Blüten der Lappland-Alpenrose *(Rhododendron lapponicum)*, von Silberwurz *(Dryas octopetala)* und Gegenblättrigem Steinbrech *(Saxifraga oppositifolia)* ein Meer aus Farben. Zu dieser Zeit versammeln sich auch über 3000 Belugawale *(Delphinapterus leucas)* im Mündungsgebiet des Churchill River. Mit dem Boot kann man sich den intelligenten, neugierigen und lautstarken Tieren bis auf kurze Distanz nähern. Im Herbst kommen die meisten »Eisbären-Touristen« in die Stadt; doch auch dann lohnt es, Ausschau nach anderen Tieren wie beispielsweise der Schneeeule *(Nyctea scandiaca)* oder dem Gerfalken *(Falco rusticolus)* zu halten. Zu den weiteren Vögeln, die zu dieser Jahreszeit regelmäßig in der Region gesichtet werden, gehören Moorschneehuhn *(Lagopus lagopus)*, Alpenschneehuhn *(Lagopus mutus)* und Schneeammer *(Plectrophenax nivalis)*.

Als wären Eisbären, Belugawale und Schneeeulen noch nicht Grund genug für einen Besuch in Churchill, ist in der Stadt fast das ganze Jahr über – in rund 300 Nächten – das außergewöhnliche Schauspiel des Polarlichts zu sehen. Und doch hat auch dieses Paradies des Nordens mit enormen Problemen zu kämpfen. Aufgrund der Erderwärmung friert die Hudson Bay von Jahr zu Jahr später zu – die Eisbären bleiben länger an Land, wo sie nicht jagen können, sondern stattdessen die städtischen Müllhalden plündern. Nach Monaten des Fastens brauchen die Tiere nun dringend Nahrung und sind zunehmend von Mangelerkrankungen bedroht. Darüber hinaus reicht die jetzt kürzere Jagdsaison meist nicht mehr aus, dass die Tiere ihr volles Gewicht erreichen – ein Teufelskreis. Der Bestand sinkt bereits: Gab es 1987 an der Westküste der Hudson Bay noch 1200 Eisbären, so zählte man 2007 nur noch 950 Exemplare. Noch besorgniserregender ist die um etwa ein Drittel höhere Sterblichkeitsrate bei den Jungen. Die Jungtiere werden deutlich später entwöhnt, das durchschnittliche Gewicht eines ausgewachsenen Eisbären sinkt. Die Zukunftsperspektive ist mehr als düster. Setzen sich diese alarmierenden Trends fort, ist der Eisbär in freier Wildbahn noch vor Ende dieses Jahrhunderts ausgestorben.

GEGENÜBER **Die Begegnung mit einem Orca ist immer eindrucksvoll. Die Tiere sind intelligent und neugierig und kommen oft bis auf wenige Meter an Taucher heran.**

LINKS **Orcas per Boot zu beobachten ist natürlich aufregend. Die Nachfrage ist jedoch so groß, dass man die Besucherzahlen beschränken muss, um sicherzustellen, dass die Tiere nicht gestört werden.**

40. Die Orcas der Harostraße

Der auch als Schwertwal bekannte Orca *(Orcinus orca)* ist dank seiner charakteristischen schwarz-weißen Körperzeichnung leicht zu erkennen. Der Meeressäuger ist auf der ganzen Welt weit verbreitet und fühlt sich im Eismeer ebenso wohl wie in tropischen und äquatornahen Gewässern. Dennoch werden die meisten Menschen einen Orca eher in einem Meereszoo denn in freier Wildbahn gesehen haben, da er als Dressurtier dort äußerst beliebt ist. Glücklicherweise hat die Nachfrage dieser Zoos in den letzten Jahren nachgelassen, und es gibt immer mehr Gelegenheiten, einen Orca in seiner natürlichen Umgebung zu beobachten. Einer der weltweit besten Orte dafür sind die Gegend um die San-Juan-Inseln und die Harostraße zwischen dem Festland des Staates Washington und dem südlichen Ende der kanadischen Vancouver-Insel.

Orcas gehören zwar zur Ordnung der Wale, enger gefasst sind sie jedoch die größte Art in der Familie der Delfine. Die geselligen Tiere haben ein hoch entwickeltes Sozialverhalten und leben in Familienverbänden, sogenannten Schulen, zusammen. Diese bestehen meist aus mehreren Generationen – Orcas können über 80 Jahre alt werden –, angeführt werden sie von dem ältesten Weibchen. Häufig bleiben Orcas beiderlei Geschlechts so lange bei der Mutter, bis diese stirbt. Eine Schule umfasst in der Regel zwischen 5 und 50 Tiere, meist 18 oder 20, doch hat man auch schon Schulen von bis zu 150 Tieren beobachtet. Die Schulen selbst sind sehr unterschiedlich und weisen oft individuelle Verhaltensmuster auf. So zeichnet sich beispielsweise jede Schule durch ihre einzigartigen Rufe aus. An den unterschiedlichen »Dialekten« erkennen die Mitglieder einer Schule einander – und das über mehrere Kilometer hinweg.

OBEN **Die große Rückenflosse oder Finne des Schwertwals ist ein wichtiges Erkennungsmerkmal. Bei einem ausgewachsenen Männchen kann sie bis zu 1,80 Meter groß werden.**

Die Orcas, die vor British Columbia und Washington leben, zählen zu den am besten erforschten der Welt. Die Tiere sehen sich zwar alle recht ähnlich, man kann sie aber anhand der Größe und des Profils ihrer Rückenflosse und des »Sattels« dahinter sowie anhand ihrer Narben und Zeichnungen unterscheiden. Studien zufolge gibt es in der Harostraße drei verschiedene Arten von Orcas – einheimische, vorüberziehende und im offenen Meer lebende –, deren Erbgut so individuell ist, dass man von Rassen sprechen kann. Die einheimischen Orcas, die sich zu drei Schulen zusammengeschlossen haben, sind an den abgerundeten Spitzen ihrer Rückenflossen zu erkennen und ernähren sich überwiegend von Lachs; die vorüberziehende Population hat spitzere Rückenflossen und frisst vornehmlich Meeressäuger; und die im offenen Meer lebenden Orcas schließlich haben geschwungene Finnen und fressen Fische und Schildkröten.

Orcas können bis zu 55 Stundenkilometer schnell schwimmen und haben keine natürlichen Feinde. Ihre Beute ist vielfältig und reicht von Tintenfischen bis zu Walen; bei größeren Beutetieren jagen sie auch gemeinsam. Menschen greifen frei lebende Orcas nicht an – dies kann höchstens einmal in Gefangenschaft vorkommen. Meist begegnen sie ihnen eher neugierig. Die drei in der Harostraße heimischen Orcaschulen »J«, »K« und »L« zählen zusammen 80 bis 90 Tiere. Diese halten

LINKS **In der Harostraße und ihrer Umgebung gibt es zahlreiche Seevögel, darunter auch den Nashornalk. Seinen Namen verdankt er dem Höcker, der ihm in der Brutzeit am Schnabel wächst.**

RECHTS **Weißkopfseeadler wurden bis Mitte des 20. Jahrhunderts gnadenlos gefangen, vergiftet und geschossen. Mittlerweile hat sich der Bestand erholt und die Art ist glücklicherweise nicht mehr gefährdet.**

sich das ganze Jahr über in der Gegend auf; am häufigsten sieht man sie allerdings zwischen Ende Mai und Oktober, wenn sie sich an den Zuglachsen gütlich tun, die die Straße passieren. An der Westküste der San-Juan-Insel kann man vorüberziehende Orcas beobachten; die beste Chance, die Tiere zu sehen, hat man natürlich bei einem der zahlreichen Bootsausflüge, die in der Gegend angeboten werden.

Doch Orcas sind nicht die einzigen Meeressäuger, die man hier zu Gesicht bekommt. Auch Weißflankenschweinswale *(Phocoenoides dalli)*, Seehunde *(Phoca vitulina)*, Minkwale *(Balaenoptera acutorostrata)* und die in großer Zahl in der Region überwinternden Stellerschen Seelöwen *(Eumetopias jubatus)* sind weit verbreitet. Ebenso interessant und vielfältig ist das Vogelleben: Mehrere Alkarten sind vertreten, darunter Silberalk *(Synthliboramphus antiquus)* und Marmelalk *(Brachyramphus marmoratus)*, die beide hier überwintern, sowie der regional brütende Nashornalk *(Cerorhinca monocerata)*. Die San-Juan-Inseln sind für ihre Weißkopfseeadler *(Haliaeetus leucocephalus)* berühmt: Die Population umfasst mehr als 100 Paare und ist damit eine der größten Einzelpopulationen in ganz Nordamerika. Die imposanten Vögel kann man häufig an den Klippen, den Salzlagunen, auf den Bäumen an der Küste oder bei der Jagd über dem Meer beobachten.

Die riesigen Rückenflossen mehrerer Orcas rhythmisch durch das Meer pflügen zu sehen ist sicherlich ein unvergessliches Erlebnis. Die Walbeobachtung hat sich in der Harostraße mittlerweile allerdings zu einem so großen Zweig des Tourismus entwickelt, dass das Meer in der Hauptsaison von Booten geradezu wimmelt. Zwar müssen sich alle an Richtlinien halten, die sicherstellen sollen, dass die Tiere in ihrem natürlichen Verhalten nicht gestört werden, doch herrscht inzwischen ein solcher Betrieb auf dem Wasser, dass dies eben nicht mehr garantiert werden kann. Hinzu kommt, dass die Orcapopulation in der Harostraße in den vergangenen Jahren kleiner geworden ist – warum, ist bislang noch unklar. Möglicherweise hängt der sinkende Bestand damit zusammen, dass es weniger Beutetiere gibt; vielleicht spielen aber auch Umweltgifte wie Blei, Quecksilber und polychlorierte Biphenyle (PCB) eine Rolle.

LATEINAMERIKA & ANTARKTIS

Mit seinem geradezu verwirrenden Reichtum an Flora und Fauna weist Lateinamerika eine Artenvielfalt auf, wie man sie sonst nur selten auf unserem Planeten findet. Von den Wüsten Mexikos bis zu den Gletschern und Schneefeldern der Anden gibt es überall auf diesem Kontinent reichlich Gelegenheit, Tiere in freier Wildbahn zu beobachten. Dabei übersteigt das schiere Ausmaß der verschiedenen Lebensräume oft unsere Vorstellungskraft: Das Amazonasbecken in Brasilien beispielsweise beherbergt den weltweit größten zusammenhängenden Tiefland-Regenwald, in Peru gibt es die meisten bislang verzeichneten Vogelarten – insgesamt über 1870 – und an den Küsten Costa Ricas die meisten Reptilien, darunter auch die seltenen Meeresschildkröten. Doch wie überall ist auch hier die Vielfalt bedroht. Zerstörung des Lebensraums, Umweltverschmutzung und Erderwärmung – alle fordern ihren Tribut, und strikter Umweltschutz ist nötig, um dieses Naturparadies für nachfolgende Generationen zu erhalten.

UNTEN **Kaum ein anderer Vogel repräsentiert die Exotik der Fauna Lateinamerikas so sehr wie der farbenprächtige Ara.**

41. Tiefland-Regenwald am Amazonas

Mit einer Fläche von 5,5 Millionen Quadratkilometern ist der Regenwald am Amazonas der größte zusammenhängende Tiefland-Regenwald der Welt und wahrscheinlich auch die bekannteste Naturlandschaft, die es gibt. Mehrere Jahrzehnte lang war er aufgrund der alarmierenden Abholzungsrate ständig in der Presse und wurde so zum Symbol der Umweltzerstörung schlechthin. Doch trotz der Aufmerksamkeit, die der Regenwald dadurch erhielt, sind immer noch weite Flächen dieses ungeheuer komplizierten Ökosystems bedroht – und das ganz real. Dies ist umso besorgniserregender, da wir auch heute noch nicht ganz verstehen, wie dieses System funktioniert. Fest steht, dass unter dem Einfluss des Menschen im Regenwald bereits Arten ausgestorben sind, die man noch nicht einmal »entdeckt« hatte.

Der Regenwald am Amazonas ist zwar klassischer tropischer Regenwald, umfasst jedoch eine erstaunliche Vielzahl kleinerer Habitate, die jeweils einer eigenen Fauna einen Lebensraum bieten. Ein weiterer Aspekt, der Besucher der Region immer wieder überrascht, ist die Tatsache, dass der Regenwald von außen ganz anders wirkt als von innen. Fährt man mit dem Boot an ihm vorbei, wirkt er in erster Linie undurchdringlich, wie eine grüne Wand miteinander verschlungener Kletterpflanzen und Lianen. Im Wald selbst bietet sich zwischen den beeindruckenden Baumgiganten dann ein ganz anderes Bild.

Zunächst fällt auf, dass der Wald in Bodennähe viel offener ist, als man vermutet hätte – mühsames Durchkämpfen mit der Machete ist meist nicht nötig. Die überall vorhandenen riesigen Stützwurzeln vermitteln den Eindruck einer Ehrfurcht gebietenden natürlichen Architektur. 30 bis 40 Meter über dem Boden sieht alles schon wieder anders aus: Dort bilden die Baumkronen ein fast geschlossenes Blätterdach und lassen nur wenig Licht durch. Die Vegetation am Boden ist entsprechend spärlich, überwiegend ist er von riesigen abgestorbenen Blättern bedeckt. Gelegentlich durchbricht jedoch ein besonders großer – bis zu 50 Meter hoher – Baum das Blätterdach.

LINKS **Der Regenwald im Amazonasbecken weist einen unvergleichlichen Artenreichtum auf. Weite Teile des Waldes erreicht man nur mit dem Boot.**

UNTEN **Das Blätterdach des Waldes ist fast überall sehr dicht und lässt nur wenig Licht durch. Viele Tierarten haben sich ausgezeichnet an diese Umgebung angepasst – noch längst sind nicht alle im Regenwald lebenden Spezies entdeckt.**

Gegenüber oben links **Faultiere verbringen fast ihr ganzes Leben auf Bäumen. Sie verlassen sie nur, um zu neuen Gebieten vorzudringen, die sie über die Baumkronen nicht erreichen können.**

Gegenüber oben rechts **Der Rote Uakari, einer der auffälligsten Primaten der Welt, hat ein fast kahles Gesicht. Je röter die Gesichtsfarbe des Männchens, desto größer sind seine Chancen bei den Weibchen.**

Gegenüber unten links **Der Ozelot *(Leopardus pardalis)* ist am ganzen Amazonas verbreitet. Nach Jahrzehnten der illegalen Jagd steht er nun unter Schutz, der Bestand scheint allmählich wieder zu steigen. Der nachtaktive Einzelgänger jagt kleine Säugetiere, Vögel und Amphibien.**

Gegenüber unten rechts **Der Riesenotter *(Pteronura brasiliensis)* ist mit einer Länge von bis zu 1,80 Metern die größte Otterart der Welt. Er kommt im Amazonasbecken zwar häufig vor, ist jedoch an bestimmte Gebiete gebunden und zunehmend gefährdet.**

Rund 90 Prozent des Amazonastieflands sind von »Terra-firme-Wäldern« bedeckt, also von Wäldern, die zu keiner Zeit des Jahres unter Wasser stehen. Zu den restlichen zehn Prozent zählt eines der bemerkenswertesten Ökosysteme der Welt: der überschwemmte Wald. Für mehrere Monate im Jahr steigt der Wasserspiegel in Teilen des Amazonasflusssystems um etwa 15 Meter an und überflutet die umgebenden Wälder – manchmal bis zu den Baumkronen. Im westlichen Amazonasgebiet ist dies die Folge jahreszeitlich bedingter Niederschläge in den Anden, die feinkörnigen Schlick aus dem nährstoffreichen Boden mit sich bringen und für die helle Farbe des Flusses in der Region verantwortlich sind. Der überschwemmte Wald hier wird auch als Várzea bezeichnet; die Bäume haben spezielle Anpassungsmechanismen entwickelt, wasserabweisende Blätter beispielsweise oder eine schützende Korkschicht in der Rinde. Die Sauerstoffaufnahme erfolgt über Luftwurzeln, einige Baumarten reduzieren ihren Stoffwechsel während der Überflutung auf ein Minimum. Andere Bäume haben sich auf die Verbreitung ihrer Samen über Fische spezialisiert: Die Tiere schlucken sie und scheiden sie andernorts unverdaut wieder aus. Die Samen sinken auf den Boden, verbleiben im Schlick, bis sich das Wasser wieder zurückzieht, und keimen dann.

Am ursprünglichsten kann man die Várzea im Mamirauá Sustainable Development Reserve, dem ersten Schutzgebiet dieser Art in Brasilien, erleben. Es liegt 600 Kilometer – und eine zwölfstündige Fahrt mit dem Motorboot – westlich von Manaus. Zusammen mit dem Amanã Reserve und dem Jaú-Nationalpark bildet Mamirauá ein 22 000 Quadratkilometer großes Schutzgebiet mit zahlreichen verschiedenen Habitaten, die durch Bodenerosion und Ablagerungen im Zuge der jährlichen Überschwemmungen entstanden sind. In den Wäldern, Sträuchern, Sümpfen und Seen leben unzählige Tiere; allein über 300 Fischarten hat man hier bislang verzeichnet. Diese wiederum ziehen Unmengen von Wasservögeln und Kaimanen an, insbesondere wenn sich die Flut zurückgezogen hat und es in den kleinen verbliebenen Wasserstellen von Fischen geradezu wimmelt. Im Fluss selbst lebt der Amazonasdelfin oder Boto *(Inia geoffrensis)*, den man häufig in der Nähe von Booten beobachten kann.

Wahrzeichen des überschwemmten Walds – und in der Mamirauá-Region endemisch – ist der außergewöhnliche Rote Uakari *(Cacajao calvus calvus)*, der zu einer der neun Primatenarten gehört, die es hier gibt. Uakaris leben in Gruppen von bis zu 30 Tieren; in der Trockenzeit suchen sie am Boden nach Samen und Früchten, steigt das Wasser, leben sie überwiegend auf den Bäumen. In Mamirauá sieht man die Affen relativ oft, ebenso wie die beiden Arten des Faultiers, das Zweifingerfaultier *(Choloepus didactylus)* und das Dreifingerfaultier *(Bradypus variegatus)*. Die meisten Säugetiere bekommt man während der Flut von April bis August zu Gesicht; mit dem Kanu kommt man recht nah an sie heran. Für viele dieser Tiere stellt das Wasser keinerlei Behinderung dar – selbst Faultiere schwimmen ausgezeichnet, wenn auch selten.

Die in Mamirauá lebenden Menschen ernähren sich traditionell vom Fischen und Jagen sowie vom Maniokanbau. Der Ökotourismus bietet ihnen neue Möglichkeiten, ihren Lebensunterhalt zu verdienen – und die Chance, dieses einzigartige Gebiet auch in Zukunft zu schützen. Doch noch immer ist die Abholzungsrate im Amazonasbecken enorm hoch, und auch illegale Besiedelung, das Betreiben von Farmen, Bergbau, Wilderei und kommerzieller Fischfang stellen eine Bedrohung für die Region dar. Wie man der Zerstörung eines der artenreichsten Biome der Welt – mehr als ein Drittel aller bekannten Spezies leben am Amazonas – entgegenwirken könnte, wird die Umweltschützer noch weit bis ins 21. Jahrhundert hinein beschäftigen.

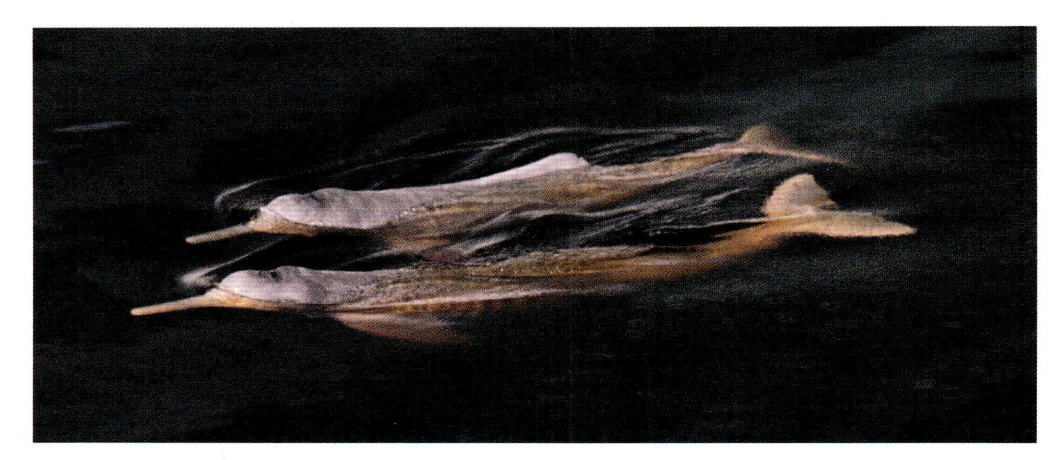

Links **Amazonasdelfine oder Botos leben paarweise oder in kleineren Gruppen in den Flusssystemen des Amazonas und Orinoco. Die Farben der Tiere reichen von leuchtend Rosa bis zu einem stumpfen Grau.**

RECHTS **Die lauten Rufe der Riesenotter nimmt man meist schon wahr, bevor man die Tiere sieht.**

42. Die »wandernden« Monarchfalter von Mexiko

Der große und auffällig gemusterte Monarchfalter *(Danaus plexippus)* kommt in fast ganz Nordamerika häufig vor. Man erkennt ihn leicht an seiner orange-schwarzen Färbung, die auf tropische Ursprünge der Spezies verweist. Vermutlich stammt er von Schmetterlingen aus Mittel- oder Südamerika ab, die nach Norden zogen, als das Klima milder wurde. Diese Theorie wird auch durch die Tatsache gestützt, dass Monarchfalter keine lang anhaltenden niedrigen Temperaturen vertragen: Im Gegensatz zu einigen nordamerikanischen Schmetterlingsarten, die in einen Winterschlaf fallen, zieht die letzte Generation von Monarchfaltern, die im Sommer der nördlichen Hemisphäre zur Welt kommen, im Herbst nach Süden. Das ausgeprägte Wanderverhalten der Tiere bietet ein großartiges Schauspiel: Millionen von Schmetterlingen, die Tausende Kilometer weit fliegen, bevor sie sich in großer Anzahl an einigen wenigen Schlafplätzen niederlassen. Hier überwintern die Falter, bevor sie im Frühling wieder nach Norden ziehen.

Die nordamerikanischen Monarchfalter haben zwei verschiedene Winterquartiere. Diejenigen, die den Sommer westlich der Rocky Mountains verbringen, ziehen nach Süden ins südkalifornische Pacific Grove und nach Santa Cruz. Die Falter, die östlich der Rocky Mountains leben – der Großteil der nordamerikanischen Population –, wandern zu einer Hügelkette im mexikanischen Bundesstaat Michoacán. Dabei legen die Tiere insgesamt mehr als 5000 Kilometer zurück. Sogar in Europa tauchen Monarchfalter regelmäßig auf; wie sie den Atlantik überqueren, ist bislang nicht ganz geklärt. Man vermutet, dass einige als blinde Passagiere an Bord von Schiffen waren, andere haben die anstrengende Reise aber sicher aus eigener Kraft geschafft.

In beiden Winterquartieren versammeln sich die Monarchfalter auf und in der Nähe von Bäumen. In Kalifornien sind dies hauptsächlich, wenn auch nicht ausschließlich Eukalyptusbäume, in Mexiko findet man die Tiere nur auf Heiligen Tannen *(Abies religiosa)*. Neueren Studien zufolge kommt es jedoch nicht so sehr auf die Baumart als vielmehr auf die Umweltbedingungen an, auf das Mikroklima, das die Bäume in ihrem unmittelbaren Umfeld schaffen. Die rund zwölf mexikanischen Winterquartiere der Monarchfalter liegen an steilen, nach Südwesten gerichteten Abhängen 3000 Meter über dem Meeresspiegel und sind auf ein etwa 800 Quadratkilometer großes Gebiet verteilt. Die Wissenschaftler wurden erst Mitte der 1970er Jahre auf sie aufmerksam – bis dahin waren sie ein gut gehütetes Geheimnis der Einheimischen. Mittlerweile wurden Schutzgebiete eingerichtet, in denen man die gesamte Population der östlichen nordamerikanischen Monarchfalter sehen kann.

Die beste Zeit für einen Besuch dieser Winterquartiere ist ein sonniger Tag, früh am Morgen, wenn die Tiere aktiv werden. Nachts, bei kaltem Wetter oder wenn es bewölkt ist, verlassen die Schmetterlinge die Blätter, Zweige und Stämme der Bäume nicht; sie sitzen dann so dicht beieinander, dass man den Baum darunter gar nicht mehr erkennen kann. Ein einzelner Monarchfalter wiegt zwar fast nichts, hängen sie jedoch zu Hunderten an einem Zweig, kann dieser auch einmal abbrechen. Wenn die Sonne aufgeht und es allmählich wärmer wird, werden die Falter aktiv. Sie bewegen ihre Flügel und flattern umher. Bei besonders schönem Wetter machen sie auch kurze

RECHTS **Ein einzelner Schmetterling wiegt zwar nur wenige Gramm, die überwinternden Monarchfalter versammeln sich jedoch in so großer Zahl, dass unter ihrem Gewicht sogar Zweige abbrechen können.**

Ausflüge, vor allem zu Wasserquellen, wo sie Flüssigkeit aufnehmen. Der Anblick so vieler Schmetterlinge, die zum Leben erwachen, sobald der erste Sonnenstrahl durch das Blätterdach dringt, ist unvergesslich. Besonders eindrucksvoll ist das Geräusch, das die Abermillionen von Faltern machen, die alle zur gleichen Zeit mit den Flügeln schlagen – zunächst hört man nur ein leichtes Klopfen, das sich aber rasch zu einem lauten Brummen steigert, wenn alle Schmetterlinge in der Luft sind.

Im März erreicht die Betriebsamkeit dann ihren Höhepunkt, wenn die Falter sich auf die Rückkehr in den Norden vorbereiten. Die im Süden überwinternden Monarchfalter leben im Gegensatz zu ihren Artverwandten, die zu Hause bleiben und eine Lebensspanne von nur wenigen Wochen haben, mehrere Monate lang; nach ihrer Rückkehr in den Süden der USA legen sie ihre Eier und sterben. Die nachfolgende Generation setzt die Wanderung nordwärts bis ins südliche Kanada fort. Im Laufe des Sommers schlüpfen bis zu drei weitere Generationen; die letzte zieht im Herbst wieder gen Süden.

Monarchfalter brauchen zwar niedrigere Wintertemperaturen, damit ihr Stoffwechsel sich verlangsamt und sie ihre körpereigenen Reserven nicht so schnell aufbrauchen, anhaltende Kälte schadet ihnen jedoch. Im Januar 2002 traf ein schwerer Schneesturm die Winterquartiere in Mexiko; in El Rosario und Sierra Chincua gingen dabei mehr als 75 Prozent der Monarchfalterpopulation zugrunde – schätzungsweise 250 Millionen der Tiere. Der Anblick der toten oder sterbenden Schmetterlinge, die teilweise bis zu 30 Zentimeter hoch den Boden bedeckten, berührte die ersten Wissenschaftler, die dort eintrafen, tief. Trotz solcher Katastrophen erholen sich Monarchfalter glücklicherweise recht schnell, da sie sich wie alle Insekten stark vermehren; ein einzelnes Weibchen kann mehrere Hundert Eier legen. Dennoch ist die Konzentration auf nur wenige Winterquartiere gewissermaßen der wunde Punkt der Spezies.

UNTEN UND GEGENÜBER **Wenn es wärmer wird und die ersten Sonnenstrahlen auf die unzähligen Monarchfalter fallen, erheben sich allmählich alle Tiere in die Luft, bis man nur noch Wolken von Schmetterlingen sieht.**

43. Wasserwildnis: Das Pantanal

Das außergewöhnliche Pantanal ist das größte zusammenhängende Binnenland-Feuchtgebiet unseres Planeten. Es liegt größtenteils in Brasilien, erstreckt sich jedoch bis nach Bolivien und Paraguay und umfasst insgesamt rund 200 000 Quadratkilometer; damit ist es so groß wie England und Schottland zusammen bzw. halb so groß wie Kalifornien. Die flache, aber vielfältige Landschaft bildet ein Mosaik aus Flüssen, Seen, Flussschlingen, Sümpfen, jahreszeitlich überschwemmtem Waldland, Savanne – dem sogenannten Cerrado –, Sträuchern und verschiedenen Wäldern. Der Artenreichtum im Pantanal kann sich durchaus mit dem des berühmten Okawangodeltas in Botswana (siehe S. 65) messen. Das Gebiet gilt heute als eines der wichtigsten Ökosysteme Südamerikas.

Das Pantanal verläuft entlang einer Nord-Süd-Achse im Tal des oberen Rio Paraguay und fungiert gewissermaßen als riesiger Schwamm: Es nimmt das versickernde Wasser aus dem Quellgebiet des Flusses im umliegenden Hochland auf. In der Regenzeit, die gewöhnlich von November bis April dauert, stehen bis zu 70 Prozent des Pantanal bis zu drei Meter unter Wasser. Manchmal wird die Region überraschend schnell überschwemmt; dann versuchen die kleineren Tiere, den Fluten zu entkommen, während Unmengen von Wasservögeln, darunter viele Reiherarten sowie der unverwechselbare Jabiru *(Jabiru mycteria)*, nur darauf warten, bequem ihre Beute zu fangen. Vögel sind die Hauptattraktion des Pantanal; die rund 650 hier verzeichneten Arten reichen zwar nicht an andere Gegenden des außergewöhnlichen Kontinents heran, beeindrucken jedoch durch die schiere Anzahl der Tiere.

Den besten Blick auf die Flora und Fauna hat man von der Transpantaneira aus, einer 148 Kilometer langen unbefestigten Straße, die von mehr als 100 Holzbrücken unterbrochen ist und sich quer durch das Delta zieht. Von dieser Straße aus kann man an einem einzigen Tag über 120 verschiedene Vogelarten beobachten, darunter zahlreiche Raubvögel und zwei der stattlichsten Landvögel des Pantanal, den flugunfähigen Nandu *(Rhea americana)* und den Seriema oder Schlangenstorch *(Cariama cristata)*. Auch Papageien sieht man am »Highway« entlang häufig, für diese Vögel

LINKS **Nicht nur für seine Vögel, auch für Jaguare ist das Pantanal mittlerweile berühmt. Die Population ist recht stabil, obwohl die wunderschöne, aber scheue Raubkatze von vielen Farmern gejagt wird.**

OBEN **Ein Mosaik verschiedener Habitate – sowohl feuchter als auch trockener Biotope – macht das Pantanal zu einem der tierreichsten Orte der Welt.**

ist die Region ebenfalls weltberühmt. Fast 30 Papageienarten hat man hier bislang verzeichnet, darunter auch einen erheblichen Prozentsatz der weltweit einzigen in freier Wildbahn lebenden Population des gefährdeten Hyazinth-Aras *(Anodorhynchus hyacinthinus)*. Die Vögel halten sich meist auf ganz bestimmten Bäumen auf, denen sie auch treu bleiben; mit der Hilfe eines erfahrenen Führers bekommt man sie relativ leicht zu Gesicht.

Obwohl nicht das ganze Pantanal jährlich überschwemmt wird und der Wasserstand von Jahr zu Jahr unterschiedlich ist, konzentriert sich mit der Flut in der Regenzeit fast die gesamte Fauna auf vereinzelte höher gelegene Flecken. In der Trockenzeit wiederum versammeln sich die meisten Tiere um die verbliebenen offenen Gewässer, wo sie außer Wasser auch feste Nahrung finden – Fische und Wirbellose, die in den schrumpfenden Teichen festsitzen. Die Besucher des Pantanal haben also das ganze Jahr über die Möglichkeit, Tiere zu beobachten, und zwar in einer Konzentration, die man sonst eher mit Afrika assoziiert. Vögel sind am zahlreichsten, es gibt aber auch über 80 Arten größerer Säugetiere, abgesehen von Fledermäusen und kleinen Nagern; am häufigsten sieht man Halsbandpekaris *(Tayassu tajacu)*, Nasenbären *(Nasua nasua)* und Wasserschweine *(Hydrochoerus hydrochaeris)*, die größten Nagetiere der Erde. Weniger häufig, aber immer noch oft sieht man Sumpfhirsche *(Blastocerus dichotomus)*, eine der vier Hirscharten im Pantanal, Riesenotter *(Pteronura brasiliensis)* und Flachlandtapire *(Tapirus terrestris)*. In den trockeneren Gegenden des Cerrado trifft man gelegentlich auch auf den Großen Ameisenbär *(Myrmecophaga tridactyla)* und den wunderschönen, nachtaktiven Mähnenwolf *(Chrysocyon brachyurus)*. Die meisten Besucher hoffen natürlich, einen Blick auf das größte Raubtier des Pantanal, den Jaguar *(Panthera onca)*, zu erhaschen. In den vergangenen Jahren hat sich das Pantanal zu einem der weltweit besten Orte entwickelt, an denen man die scheue Raubkatze beobachten kann. Im Gegensatz zu dem landläufigen Glauben, dass sich das Tier bevorzugt in dichten Wäldern aufhalte, streunt der Jaguar im Pantanal eher über offenes Terrain. Die bis zu 110 Kilogramm

GEGENÜBER **Der Seriema oder Schlangenstorch lebt vorwiegend im Cerrado; zu seiner Beute zählen neben Wirbellosen auch Reptilien. Der Vogel ist sehr scheu, zeichnet sich jedoch durch einen durchdringenden Ruf aus. Meist hört man ihn eher, als dass man ihn sieht.**

OBEN **Im Pantanal sind Tausende von Wasservögeln heimisch, darunter auch mehrere Reiherarten und der Jabiru, den man leicht an dem schwarzen Hals und Kopf sowie an dem roten Kehlhautsack darunter erkennt.**

LINKS **Die Große Anakonda ist die massigste Schlange der Welt. Die Spezies ist trotz ihres schlechten Rufs nichts besonders aggressiv; fühlt sich die Schlange an Land gestört, flüchtet sie sich eher ins Wasser, als dass sie angreift.**

GEGENÜBER OBEN **Wasserschweine bekommt man im Pantanal sehr häufig zu Gesicht; die Säugetiere fühlen sich im Wasser ebenso wohl wie an Land und sind ausgezeichnete Schwimmer.**

GEGENÜBER UNTEN **Der immer noch gefährdete Große Ameisenbär sucht die Savanne des Pantanal nach seiner Lieblingsspeise – Ameisen und Termiten – ab. Das Weibchen trägt das einzige Junge auf dem Rücken mit sich herum, bis es fast halb so groß ist wie es selbst, und verteidigt es sogar gegen Jaguare.**

schweren Tiere sind die kräftigsten aller Großkatzen; die im Pantanal lebenden Jaguare gehören zudem zu den größten ihrer Art. Zu ihrer Beute zählt auch das Vieh der in der Gegend ansässigen Farmer, was immer wieder zu Konflikten und Reibungen führt.

Auch Reptilien sind im Pantanal zahlreich vertreten, am hervorstechendsten ist sicherlich der Brillenkaiman *(Caiman yacare)*. Trotz der verheerenden illegalen Jagd im 20. Jahrhundert ist der Bestand der Tiere noch hoch. Schlangen gibt es im Pantanal ebenfalls in großer Zahl; die Region ist eine der wenigen der Welt, in der man zwei Anakondaarten – die Gelbe Anakonda *(Eunectes notaeus)* und die Große Anakonda *(E. murinus)* – sehen kann. Letztere ist hinsichtlich ihrer Körpermasse eine der größten Schlangen der Welt: Es gab schon bis zu neun Meter lange Exemplare, die einen Leibesumfang von einem Meter aufwiesen. So große Tiere machen natürlich auch Jagd auf große Beute – gelegentlich auch auf den Menschen, obwohl das sehr selten ist.

Die erstaunliche Vielfalt an Tieren und Lebensräumen, die sich im Pantanal findet, steht auch im Zusammenhang mit der traditionellen Nutzung des Landes. Seit 200 Jahren gibt es hier Viehfarmen, sogenannte Fazendas; die Farmer tolerieren die in freier Wildbahn und oft in nächster Nähe lebenden Tiere – mit Ausnahme des Jaguars. Die Jaguarjagd war im Pantanal einst weit verbreitet und findet auch heute noch teilweise statt, obwohl den Farmern Entschädigungen für das getötete Vieh geboten werden. Eine Alternative zum traditionellen Lebensunterhalt stellt der Ökotourismus dar: Da sich über 90 Prozent des Pantanal in Privatbesitz befinden, sind solche Initiativen für das Überleben des einzigartigen Ökosystems von entscheidender Bedeutung. Denn die Gefährdung der Umwelt nimmt zu: Pestizide verschmutzen die Gewässer, die Wälder auf den umliegenden Bergen werden abgeholzt. Dies leistet der Bodenerosion Vorschub, das Flusssystem des Pantanal verschlickt allmählich. Auch die Jagd auf Felle und Tiere für den Haustierhandel stellt nach wie vor eine Bedrohung dar, ebenso wie die Pläne, das Gebiet für den kommerziellen Bootsverkehr zu erschließen. Zum gegenwärtigen Zeitpunkt stehen weniger als drei Prozent des Pantanal unter Schutz; will man eines der artenreichsten Gebiete der Welt auch in Zukunft erhalten, sind sicherlich weiter reichende Maßnahmen erforderlich.

OBEN **Die Wälder und Gewässer von Tambopata sind ein wahres Paradies für Vogelfreunde – hier herrscht eine erstaunliche Artenvielfalt. In den abgelegeneren Regionen gibt es sicherlich Spezies, die man bislang noch nicht entdeckt hat.**

44. Die Papageien von Tambopata

Kaum ein anderes Land kann sich einer so vielfältigen Vogelwelt rühmen wie Peru. Über 1800 Arten hat man bislang hier verzeichnet, was fast 20 Prozent aller weltweit bekannten Vogelarten ausmacht. Außerdem kommen 300 der in Peru beobachteten Spezies nur dort vor. Im peruanischen Manu-Nationalpark hat man an einem einzigen Tag schon 361 verschiedene Vogelarten gesehen; in den vergangenen drei Jahrzehnten entdeckte man in Peru mehr als 40 Vogelspezies, die der Wissenschaft bis dahin völlig unbekannt waren. Begründet liegt dieser Artenreichtum in der außerordentlichen Vielfalt der peruanischen Landschaft sowie in den unzähligen ökologischen Nischen, die sich hier finden. Zwar gibt es im ganzen Land faszinierende und interessante Vögel; einige Habitate scheinen sich jedoch durch eine besonders große Biodiversität auszuzeichnen. An oberster Stelle steht zweifelsohne der Tiefland-Regenwald. Deshalb überrascht es auch kaum, dass aus dieser Gegend ein weiterer Rekord hervorging: In den ausgedehnten Wäldern im Tiefland des östlichen Peru teilen sich insgesamt etwa 650 Tierarten einen Lebensraum.

Das 1990 gegründete Tambopata-Candamo-Schutzgebiet umfasst mehr als 1,4 Millionen Hektar Tiefland-Regenwald, der in weiten Teilen noch ganz ursprünglich und naturbelassen ist. Das Schutzgebiet erstreckt sich über die Flussbecken des Tambopata und des Heath; Teile davon fasste man 1995 mit dem Pampas del Heath National Sanctuary zum Bahuaja-Sonene-Nationalpark zusammen. Gemeinsam mit dem Madidi-Nationalpark im angrenzenden Bolivien gehört der Bahuaja-Sonene-Nationalpark heute zu den artenreichsten Regionen der Welt. Annähernd 1000 Vogelarten gibt es hier; in der Wald-, Gras- und Sumpfwildnis finden sich zudem 20 000 Pflanzen- und 1200 Schmetterlingsarten.

Zugänglich ist diese Wildnis im Allgemeinen über Puerto Maldonado. Die Stadt hat viel Atmosphäre und eine bewegte Geschichte. Zunächst bildete sie das Tor zum peruanischen Teil der Amazonas-Regenwälder und war Umschlagplatz für Kautschuk und Holz. Dabei herrschte offensichtlich eine gewisse Gesetzlosigkeit – Geschichten über Streitigkeiten zwischen Händlern und Siedlern und den am Amazonas ansässigen Stämmen gibt es zuhauf. Einer der berüchtigten »Kautschukbarone« war Fitzcarraldo: Er erkundete die Gegend mithilfe eines Dampfschiffs, das er in Einzelteile zerlegt über die Berge transportieren ließ. Ein Hauch dieser historischen Kuriositäten umweht auch heute noch Puerto Maldonado, obwohl die Stadt inzwischen zu einem Zentrum des Ökotourismus aufgestiegen ist und jährlich Tausende von Besuchern auf ihrem Weg zu den Lodges am Tambopata-Fluss hier vorbeikommen.

Am Tambopata gibt es zwar unzählige Tiere, in die Tiefen des Regenwalds vorzudringen ist jedoch Schwerstarbeit. Bootsausflüge bieten dagegen eine recht bequeme Möglichkeit, Riesenotter *(Pteronura brasiliensis)* und Affen zu beobachten; insbesondere die Schwarzen Brüllaffen *(Alouatta caraya)* liefern bei Sonnenaufgang die unverwechselbare Geräuschkulisse der Gegend. Die meisten Besucher kommen jedoch wegen der Vögel, vor allem wegen der Papageien. Die farbenprächtigen Tiere versammeln sich früh am Morgen zu Tausenden auf den Klippen und am Ufer des Tambopata, an den sogenannten Collpas, wie die Quechua die Lehmlecken am Ufer entlang nennen. Bis zu 15 verschiedene Arten von Papageien kommen in Pärchen, kleinen Gruppen oder großen Schwärmen hierher und nehmen erst einmal einen Beobachtungsposten auf einem Baum ein. Ist kein Raubtier in Sicht, fliegen sie zu den Klippen und Ufern und knabbern an der mineralienreichen Lehmerde. Die lautstarken Vögel, die ihr farbenfrohes Gefieder zur Schau stellen und zu Hunderten oder

GEGENÜBER **Hellrote Aras und Gelbbrustaras an einer Collpa. Die Lehmlecken am Ufer erreicht man am besten per Boot; so kommt man nah an die Vögel heran, ohne sie zu stören.**

Tausenden die steilen Klippen bevölkern, bieten einen wahrhaft atemberaubenden Anblick. Als Erste kommen meist die kleineren Papageien, darunter der Schwarzohrpapagei *(Pionus menstruus)*, der Braunkopfsittich *(Aratinga weddellii)*, die Mülleramazone *(Amazona farinosa)*, der Goldwangenpapagei *(Pionopsitta barrabandi)* und der Kobaltflügelsittich *(Brotogeris cyanoptera)*. Dann folgen bis zu sechs verschiedene Araarten: Gelbbrustara *(Ara ararauna)*, Gebirgsara *(Primolius couloni)*, Hellroter Ara *(Ara macao)*, Grünflügelara *(Ara chloroptera)*, Rotbugara *(Ara severa)* und Rotbauchara *(Orthopsittaca manilata)*. Von Zeit zu Zeit bricht die ganze Schar in lautstarkes Flügelschlagen aus oder flieht, wenn beispielsweise eine Harpyie *(Harpia harpyja)*, einer der größten tropischen Greifvögel, in Sicht ist. Die Papageien kreisen dann erst eine Weile, bevor sie sich wieder auf den Klippen niederlassen.

Zu besonders geschäftigen Zeiten versammeln sich bis zu 500 Papageien an einer einzigen Collpa; am Fluss entlang gibt es mehrere solcher Stellen, an denen man die Vögel aus nächster Nähe beobachten kann, ohne sie jedoch zu stören. Einige Papageienarten besuchen die Collpas häufiger und zahlreicher als andere, andere Arten haben sich auf bestimmte Collpas festgelegt. Auch weitere Tiere – etwa Affen und Schmetterlinge – nehmen auf diese Art und Weise Mineralien auf; zu den Lehmlecken im Wald kommen auch größere Säugetiere wie z. B. Tapire. Wie weit und wie oft die Papageien fliegen, um zu den Collpas zu gelangen, weiß man nicht; vermutlich nehmen sie jedoch pro Tag eine Reise von mehreren Kilometern in Kauf. Auch warum genau sie kommen, weiß man nicht; vielleicht um ihre übliche Nahrung – Früchte – mit Mineralien zu ergänzen oder – wie manche Wissenschaftler vermuten – um mit diesen Mineralien die toxische Wirkung einiger Früchte zu neutralisieren. Doch warum auch immer: Der Anblick Hunderter Papageien, die sich an den Klippen drängeln und geradezu ein Meer aus Farben bilden, ist auf jeden Fall eine Reise wert.

OBEN **Schwarze Brüllaffen bekommt man am Tambopata häufiger zu Gesicht; meist hört man sie, bevor man sie in den Baumkronen entdeckt. Die Tiere haben einen Greifschwanz, was man hier gut sieht.**

LINKS **Der Regenwald ist ein unglaublich vielfältiger Lebensraum mit Tausenden von Pflanzenarten und vor allem bedeutenden Palmengesellschaften. An die zahlreichen Mikrohabitate haben sich insbesondere Wirbellose perfekt angepasst. Diese Tiere besetzen nur ganz bestimmte ökologische Nischen.**

GEGENÜBER OBEN LINKS **Mit einer Flügelspanne von bis zu zwei Metern ist der Königsgeier *(Sarcoramphus papa)* nach dem Andenkondor der größte südamerikanische Geier. Der Waldbewohner ist ein Aasfresser.**

GEGENÜBER OBEN RECHTS **Der Hoatzin *(Opisthocomus hoazin)* ist evolutionsgeschichtlich gesehen einer der außergewöhnlichsten Vögel der Welt. Er lebt in kleinen Kolonien in ufernahen Wäldern. Ein ausgesprochener Flugkünstler ist er allerdings nicht.**

GEGENÜBER UNTEN **Mülleramazonen kommen häufig zu den Collpas am Tambopata; meist sind sie früh am Morgen die ersten Besucher.**

RECHTS **Die Galapagos-Riesenschildkröten sind auf der ganzen Welt als Wahrzeichen der Inseln berühmt. Die bemerkenswerten Tiere können bis zu 150 Jahre alt werden.**

GANZ RECHTS **Meeresechsen verbringen den Großteil des Tages damit, sich zu sonnen, nachdem sie in den kalten Gewässern nach Nahrung getaucht haben.**

45. Das Leben auf den Galapagos-Inseln

Zwar besuchten die ersten europäischen Reisenden die Galapagos-Inseln bereits im 16. Jahrhundert, ihren Ruhm verdanken sie jedoch einem späteren Besucher: dem Naturforscher Charles Darwin, der 1835 hierher kam. Er erkundete vier der dreizehn Hauptinseln, verzeichnete ihre Flora und Fauna und leitete daraus seine Theorie der natürlichen Auslese ab, die er später – höchst umstritten – in seinem Werk *On the Origin of Species (Die Entstehung der Arten,* 1859) veröffentlichte. Damit begründete er die moderne Evolutionstheorie; auch heute noch sind Darwins Erkenntnisse für unser Verständnis des Artenreichtums der Erde von entscheidender Bedeutung.

Die Galapagos-Inseln liegen im Pazifik, rund 1000 Kilometer vor der Küste Ecuadors, und entstanden vor etwa fünf Millionen Jahren im Zuge ununterbrochener vulkanischer und tektonischer Aktivitäten. Die Platten unter dem Archipel sind in ständiger Bewegung und somit auch der Archipel selbst: Ältere Inseln werden nach Osten verschoben und versinken allmählich, im Westen entstehen dafür ständig neue Inselchen. Diese konstanten geologischen Verschiebungen haben auf den Inseln eine Vielfalt an ökologischen Nischen hervorgebracht, die jeweils von einer eigenen Flora und Fauna besetzt sind. Diese Artenvielfalt – und die große Anzahl an endemischen Arten, die durch die isolierte Lage der Inseln zustande kommt – macht die Galapagos-Inseln so einzigartig und für Tierliebhaber so überaus interessant.

An jeder Ecke erwartet den Besucher eine neue faszinierende Spezies: Hier führt ein Paar Galapagos-Albatrosse *(Diomedea irrorata)* einen zauberhaften Balztanz auf, dort sonnt sich eine ganze Kolonie von Galapagos-Seelöwen *(Zalophus californianus wollebaeki)* am Strand, während sich eine Meerechse *(Amblyrhynchus cristatus)* von einem Felsvorsprung in die kühlen Fluten stürzt. Ein Besuch der Galapagos-Inseln ist in erster Linie im Rahmen einer Kreuzfahrt mit Landgängen möglich; dabei hat man zusätzlich die Möglichkeit, das atemberaubende Meeresleben in der Gegend – darunter Wale, Haie und Rochen – sowie die zahlreich vertretenen Seevögel zu erkunden. Unvergesslich ist sicherlich auch der Anblick der unzähligen Tölpel, die auf der Jagd nach Beute unglaubliche Flugkunststücke vollführen.

Auf Isabela, der größten Insel, sind mehrere Tausend der berühmten Galapagos-Riesenschildkröten *(Chelonoidis nigra)* heimisch. Trotz ihrer Größe sind sie in den Sträuchern und Wäldern überraschend schwer aufzufinden; die beste Chance hat man in der Alcedo-Caldera, wo sich die Tiere im flachen Wasser versammeln, um Parasiten abzuwaschen und sich abzukühlen. Im Archipel gibt es mindestens acht verschiedene Arten von Riesenschildkröten, die in der Größe erheblich variieren; die größten werden bis zu 1,50 Meter lang und wiegen über 300 Kilogramm. Hinsichtlich Panzerprofil und bevorzugtem Lebensraum unterscheiden sie sich. Eine Unterart – *C. nigra*

RECHTS Im Meer vor dem Galapagos-Inseln wimmelt es von Leben. Manchmal kann man eine Schule von Kuhnasenrochen (*Rhinoptera steindachneri*) sehen, die nach Weichtieren suchen, die sie mühelos zwischen ihren plattenartigen Zähnen zerreiben.

UNTEN Auf Isabela versammeln sich die Riesenschildkröten in den flachen Gewässern, um sich abzukühlen und lästige Parasiten abzuspülen. Manchmal verharren die eindrucksvollen Tiere stundenlang in ein und derselben Position.

LINKS Galapagos-Pelzrobben und -Seelöwen sind ausgezeichnete Schwimmer. Die Raubtiere werden bis zu 40 Stundenkilometer schnell.

UNTEN Auch Blaufußtölpel sind ein Wahrzeichen der Galapagos-Inseln; ihre Balzrituale sind ein echtes Naturschauspiel. Das Männchen tanzt vor der Angebeteten und stellt besonders seine schönen blauen Füße zur Schau.

NACHFOLGENDE SEITE Da sie an Land keine natürlichen Feinde hat, sind die Flügel der Galapagos-Scharbe, auch bekannt als Stummelkormoran, überflüssig geworden und haben sich im Laufe der Evolution zurückgebildet. Doch auch diese Art ist ebenso wie andere Tiere auf den Inseln mittlerweile vom Menschen bedroht.

OBEN Den Riesenschildkröten verdanken die Galapagos-Inseln ihren Namen: Das spanische Wort »galapagos« bedeutet Sattel und bezieht sich auf die Form des Panzers.

LINKE KLAPPE Eine Kolonie Kuba-Flamingos *(Phoenicopterus ruber)* an ihrer Brutstätte auf der Insel Floreana. Ihre charakteristische hellrote Färbung erhalten sie durch das Karotin in den Krabben, die sie fressen.

KLAPPE MITTE Meeresechsen liegen meist auf den Felsen in der Sonne, wo sie sich zwischen ihren Tauchgängen aufwärmen.

RECHTE KLAPPE Der männliche Prachtfregattvogel hat einen eindrucksvollen roten Kehlhautsack, den er beim Balzen und während der Paarung aufbläht.

LETZTE SEITE Riesenschildkröten sind beim Essen nicht besonders wählerisch. Sie ernähren sich überwiegend von Pflanzen, verschmähen in kargen Zeiten jedoch auch Aas nicht.

Links **Die Igel-Quadratkrabbe (*Grapsus grapsus*) – ein weiterer eindrucksvoller Bewohner der Galapagos-Inseln. Sie bewegt sich auf Zehenspitzen fort und läuft so schnell, dass man sie praktisch nicht fangen kann.**

abingdonii – ist traurigerweise ganz unmittelbar vom Aussterben bedroht, da von ihr nur noch ein einziges Männchen übrig ist, das den treffenden Spitznamen »Lonesome George« trägt.

Bei einem Besuch der Galapagos-Inseln ebenfalls nicht versäumen sollte man die einzige Meeresechse der Welt. Es gibt hier zwar auch zwei Arten von Landechsen, diese können jedoch nicht unter Wasser nach Seetang und Algen tauchen. Die Meeresechse hat im Laufe der Evolution eine bestimmte Drüse ausgebildet, die mit ihren Nasenlöchern verbunden ist und über die sie überschüssiges Salz ausscheidet. Auf den Galapagos-Inseln sind rund 300 000 Meeresechsen heimisch; man kann sie kaum übersehen, da sie sich immer in großer Zahl an der Küste aufhalten.

Die Galapagos-Inseln warten zudem mit einer weiteren Überraschung auf: Denn obwohl sie mitten in den Tropen liegen, gibt es hier Pinguine. Galapagos-Pinguine *(Spheniscus mendiculus)* trifft man überwiegend auf den westlichen Inseln, wo kühle Strömungen die Wassertemperaturen niedrig halten und eine vielfältige Meeresfauna hervorbringen, die den Pinguinen als Nahrung dient. Ihre Flugunfähigkeit teilen sich die Pinguine mit der ebenfalls endemischen Galapagos-Scharbe *(Phalacrocorax harrisi)*, deren Flügel mangels natürlicher Feinde verkümmert sind. Auch andere Seevögel brüten hier, etwa der Prachtfregattvogel *(Fregata magnificens)* sowie drei Tölpelarten, Blaufußtölpel *(Sula nebouxii)*, Maskentölpel *(Sula dactylatra)* und Rotfußtölpel *(Sula sula)*. Landvögel sind weniger zahlreich vertreten. Wenn, dann handelt es sich um endemische Arten wie die berühmten Darwinfinken, eine Gruppe nah verwandter Spezies, die Darwin ausgiebig erforschte. Jede dieser Arten hat sich im Laufe der Evolution an eine bestimmte ökologische Nische angepasst und hoch spezialisierte Strategien der Nahrungsaufnahme sowie entsprechende Schnäbel entwickelt.

Besonders bemerkenswert und für Besucher der Galapagos-Inseln erfreulich ist, dass man sich den Tieren bis auf kurze Distanz nähern kann. Bereits Minuten, wenn nicht Sekunden nach der Ankunft ist man von Schildkröten, Echsen und nistenden Seevögeln umgeben, die keinerlei Scheu vor dem Menschen zeigen – und dies obwohl einige Arten, etwa Riesenschildkröten und Pelzrobben, in der Vergangenheit hier in großer Zahl gejagt wurden. Doch in letzter Zeit fand auch hier ein Umdenkungsprozess statt; man geht viel behutsamer mit der Natur um und konzentriert sich auf den Ökotourismus. Ob das fragile Ökosystem auch langfristig überleben kann, wird sich zeigen.

Denn eines hat sich bereits verändert: Selbst die abgelegenen Galapagos-Inseln sind von einem besorgniserregenden Bevölkerungswachstum betroffen. Als man den Archipel 1959 zum Nationalpark erklärte, lebten dort zwischen 1000 und 2000 Menschen. Heute sind es rund 30 000 Einwohner, und viele davon haben weder Erfahrung im Zusammenleben mit Tieren noch eine Vorstellung davon, wie empfindlich das Ökosystem wirklich ist. Infolgedessen wird beispielsweise wieder Jagd auf Tiere wie Schildkröten gemacht, und die Einschleppung fremder Arten, etwa Ziegen, hat dazu geführt, dass große Teile der einheimsichen Vegetation bereits ausgerottet sind. Darüber hinaus sind die Galapagos-Inseln auch vom Klimawandel betroffen, insbesondere vom immer häufiger vorkommenden El Niño. Die ungewöhnlichen, nicht zyklisch auftretenden Meeresströmungen führen zu einer höheren Wassertemperatur um die Inseln, was wiederum zur Folge hat, dass viele Meeresorganismen absterben, die den Tieren auf den Galapagos-Inseln als Nahrung dienten.

46. Der Nebelwald von Monteverde

1972 führte die Sorge um ein kleines amphibisches Tier – die Goldkröte *(Bufo periglenes)* – zur Gründung eines der mittlerweile wichtigsten Schutzgebiete Costa Ricas: des Monteverde Cloudforest Reserve, das sich in privaten Händen befindet. Man bekommt die Goldkröte nur während ihrer kurzen Laichphase zu Gesicht und musste eines Tages feststellen, dass es sie überhaupt nur noch in ganz wenigen Teichen im Nebelwald von Monteverde im Tilarán-Gebirge gab. Der Nebelwald ist gewissermaßen die Gebirgsversion des Regenwalds; hier herrschen niedrigere Temperaturen, und tief hängende Wolken kleiden Berge und Vegetation beständig in Nebel. Die Luftfeuchtigkeit beträgt nicht selten 100 Prozent und begünstigt das Wachstum von Epiphyten wie Bromelien, Orchideen, Farnen und Moosen. Mehr als 878 Epiphytenarten verzeichnete man bislang in Monteverde, darunter auch erstaunliche 450 verschiedene Orchideenarten.

Durch den konstanten Nebel und die hohe Luftfeuchtigkeit mag der Wald auf den ersten Blick etwas düster anmuten; das Innere ist dunkel und klamm, zu Fuß muss man sich häufig durch Wasser und Schlamm kämpfen. Die vermutlich spektakuläre Aussicht öffnet sich dem Besucher nur selten, meist ist alles wolkenverhangen. Und dennoch übt die Landschaft eine ganz eigene Anziehungskraft aus; in dieser artenreichen Gegend gibt es immer wieder Neues zu entdecken. Die Zahlen sprechen für sich: 3000 Arten von Gefäßpflanzen, 750 Baumarten, mehr als 400 Vogelspezies, 120 Säugetierarten und Tausende verschiendener Wirbelloser gibt es hier. Wer den Nebelwald verstehen will, muss bei den Bäumen und den Epiphyten, die ihre Stämme und Äste zieren, anfangen; oft sind die Epiphyten so dicht, dass der Baum darunter kaum mehr zu erkennen ist. Charakteristisch für Monteverde sind die zahlreichen Würgefeigen *(Ficus* sp.). Sie besiedeln ihre Wirtsbäume zunächst als kleine Pflänzchen, bilden bald jedoch Luftwurzeln aus, die bis auf den Waldboden reichen und über die sie Wasser und Nährstoffe auf konventionellere Weise aufnehmen. Schließlich entwickelt sich die Würgefeige

LINKS **Würgefeigen sind erbarmungslose Parasiten, die ihren Wirt nach und nach aller Nährstoffe berauben und ihn schließlich töten.**

RECHTS **Der Nebelwald gehört zu den faszinierendsten Orten auf unserem Planeten. Die Vegetation ist üppig, die Vielfalt an Pflanzenarten einzigartig.**

OBEN **Der Quetzal gehört sicherlich zu den schönsten Vögeln der Welt. Die Azteken schmückten mit seinen Schwanzfedern die zeremonielle Kleidung ihrer Könige. Sie fingen die Vögel, entfernten die Federn und ließen die Tiere wieder frei. So konnten die Federn nachwachsen.**

selbst zu einem frei stehenden Baum – ihren einstigen Wirt hat sie durch das dichte Wurzelgewirr allmählich im wahrsten Sinne des Wortes erwürgt.

Die meisten Besucher erkunden Monteverde über ein Gebiet, das als »Dreieck« bekannt und von insgesamt 13 Kilometern Wanderwegen durchzogen ist; all diese Wege beginnen am Eingang des Schutzgebiets. Unmittelbar vor dem Eingang lohnen die Kolibri-Futterstellen einen Zwischenstopp; mit etwas Glück kann man hier mehrere Arten der farbenfrohen Vögel sehen. Besonderes Augenmerk verdienen Purpurdegenflügel *(Campylopterus hemileucurus)*, Grünscheitelbrillant *(Heliodoxa jacula)*, Purpurkehlnymphe *(Lampornis calolaema)*, Streifenschwanzkolibri *(Eupherusa eximia)*, Magentakolibri *(Calliphlox bryantae)* und Kupferköpfchen *(Elvira cupreiceps)*, einer der wenigen endemischen Vögel Costa Ricas. Doch auch der farbenprächtigste Kolibri hat harte Konkurrenz, denn Monteverde ist in erster Linie für den Quetzal *(Pharomachrus mocinno)* berühmt. Der Vogel gehört zur Familie der Trogone und wurde wegen des auffälligen Gefieders, das die Männchen während der Paarungszeit schmückt, sowohl von den Azteken als auch von den Maya als göttlich verehrt. Die schillernden grünen Schwanzfedern können bis zu 60 Zentimeter lang werden; die einheimischen Völker zierten damit ihren rituellen Kopfschmuck. Der bunt gefiederte Vogel ist außer in der Paarungszeit im April und Mai überraschend unauffällig; ist er jedoch in der Balz, hört man die lauten Rufe der Männchen und kann ihnen bei ihren eindrucksvollen Flugkunststücken zusehen.

Quetzals nisten in Löchern – entweder in verlassenen Spechthöhlen oder in Löchern, die sie selbst in tote Baumstämme gehackt haben. Auch Nistkästen verschmähen sie nicht. Sind die Jungen flügge geworden, was meist im Juli der Fall ist, verlassen die Vögel Monteverde und ziehen zu den Berghängen am Pazifik; dort bleiben sie drei Monate, bevor sie an die Atlantikseite wechseln. Im darauffolgenden Januar kehren sie in den Nebelwald zurück. Dieses ungewöhnliche Zugverhalten liegt sicherlich in der bevorzugten Nahrung des Vogels begründet; besonders gern frisst der Quetzal nämlich wilde Avocados. Auf der anderen Seite erschwert es aber auch den Schutz der Tiere, die drei völlig verschiedene Habitate besiedeln.

Die spezifischen Erfordernisse, die der Quetzal an seine Umgebung stellt, unterstreichen die komplexe Struktur des Nebelwald-Ökosystems. Am deutlichsten kommt diese jedoch durch das Wahrzeichen Monteverdes, die Goldkröte, zum Ausdruck. 1987 registrierte man rund 1500 ausgewachsene Goldkröten in Monteverde; dann sank der Bestand rapide – seit 1989 hat man kein einziges Tier dieser Art mehr gesehen. Da Goldkröten bekanntermaßen nur in Monteverde vorkommen, muss man annehmen, dass sie mittlerweile ausgestorben sind. Gleichzeitig verschwanden auch andere Amphibienarten in Monteverde von der Bildfläche. Warum, ist bislang nicht geklärt; möglicherweise ist das trockenere und wärmere Klima, das El Niño 1986/87 mit sich brachte, dafür verantwortlich. Einige Seen trockneten ganz aus, in den restlichen stieg die Temperatur an – zwar nur leicht, doch für bestimmte Amphibien möglicherweise tödlich.

Dass bereits ein so kleiner Klimawandel so verheerende Folgen haben kann, sollte angesichts der globalen Erwärmung zu denken geben. Die Amphibien im Nebelwald sind vielleicht die ersten seismografischen Anzeichen für die Veränderungen, die im Zuge der Erderwärmung stattfinden, die ersten Vorboten einer ökologischen Katastrophe. Wird das Klima permanent trockener und wärmer, steht die Zukunft des Ökosystems Nebelwald auf dem Spiel. Fest steht, dass sich das Klima in Monteverde in den letzten Jahrzehnten bereits verändert hat; es ist schon trockener geworden und hat manche Vogelarten in größere Höhen getrieben. Doch den Tieren, die ganz oben, in den kühleren und feuchteren Bergregionen, leben, steht bald keine Fluchtmöglichkeit mehr offen.

Links Der Flachlandtapir (*Tapirus terrestris*) ist nach dem Jaguar das größte Säugetier in Monteverde. Das nachtaktive Tier bekommt man als Besucher selten zu Gesicht; nur seine Spuren sieht man relativ häufig.

Mitte links Der Purpurdegenflügel ist nur eine von mehreren Kolibriarten, die regelmäßig zu den Futterstellen am Eingang des Monteverde-Schutzgebiets kommen.

Mitte rechts Die sonnigen Lichtungen des Nebelwalds ziehen auch zahlreiche Schmetterlingsarten an. Am auffälligsten und mit einer Flügelspanne von bis zu 20 Zentimetern am größten ist der Blaue Morphofalter (*Morpho peleides*).

Unten links Costa Ricas Pfeilgiftfrösche, etwa der hier abgebildete Goldbaumsteiger (*Dendrobates auratus*), sind eher im Tiefland-Regenwald als im Nebelwald heimisch. Doch wie ihre Verwandte, die Goldkröte, reagieren auch sie sehr sensibel auf Veränderungen in der Umgebung.

Unten rechts Einzig im Nebelwald von Monteverde hat man die Goldkröte je gesehen; heute gilt sie infolge des Klimawandels als ausgestorben. Veränderungen in den Amphibienpopulationen zu beobachten, könnte zum Verständnis der Folgen der Erderwärmung beitragen.

47. Schildkröten im Tortuguero-Nationalpark

Costa Rica liegt in Mittelamerika auf dem schmalen Streifen Land zwischen dem Pazifischen Ozean und dem Karibischen Meer und hat den Schutz der Tiere und der Umwelt von jeher sehr ernst genommen: Mehr als ein Viertel der Landesfläche steht im Rahmen eines eindrucksvollen Netzwerks von 161 Nationalparks und Reservaten unter Schutz. Für seine kleine Größe verfügt das Land über erstaunlich viele Habitate und Landschaftsformen, auch die Artenvielfalt hier sucht ihresgleichen. Eine gute Infrastruktur und eine stabile politische Situation machen Costa Rica zu einem beliebten Reiseziel. Bei Tierfreunden besonders beliebt ist der Tortuguero-Nationalpark – fast 19 000 Hektar atlantiknaher Tiefland-Regenwald und *Raphia*-Palmensumpf, durch die sich zahlreiche Kanäle und Flüsse ziehen, bevor sie durch Mangroven und Küstenlagunen ins Meer münden.

»Tortuguero« bedeutet Schildkrötenfänger; der Schutz dieser Tiere, die an den Stränden der Gegend ihre Eier ablegen, war 1970 Hauptmotivation für die Gründung des Parks. Zu dieser Zeit waren die Meeresschildkröten durch exzessive Jagd vom Aussterben bedroht; fast jedes Weibchen, das zu seinem Heimatstrand zurückkehrte und seine Eier abzulegen versuchte, wurde getötet und zu Schildkrötensuppe verarbeitet. Heute kommen die Besucher, um die Tiere zu beobachten und die umliegenden Regenwälder und Sümpfe per Boot zu erkunden. Die meisten Kanäle sind von einem dichten Teppich aus Wasserhyazinthen bedeckt; man kann sich beinahe lautlos fortbewegen und kommt sehr nahe an die Tiere heran. Besonders häufig sieht man Vögel und Reptilien wie Echsen und Basilisken, die sich in der ufernahen Vegetation sonnen. Zu den hier vertretenen Säugetieren gehören Fischotter *(Lontra longicaudis)*, Dreifingerfaultiere *(Bradypus variegatus)* und drei Affenarten.

Darüber hinaus ist Tortuguero für seine Karibik-Manatis *(Trichechus manatus)* berühmt, die mittlerweile fast im gesamten karibischen Raum gefährdet sind. Die bis zu drei Meter langen Seekühe bevorzugen seichte Küstengewässer, halten sich jedoch auch in Mündungsgebieten und Flüssen auf. Die Pflanzenfresser ernähren sich von Seegras und anderen Wasserpflanzen und wurden in der Vergangenheit vor allem wegen ihres Fleischs und ihrer Haut gejagt. Weitaus gefährdeter sind Manatis heute jedoch durch Zusammenstöße mit Motorbooten – viele der Tiere weisen Narben von solchen Unfällen auf.

Ein Großteil des 40 Kilometer langen Küstenabschnitts des Parks besteht aus sanft abfallenden Stränden mit schwarzem Sand. Diese sind zwischen Juli und Oktober die in der westlichen Karibik wichtigsten Eiablageplätze der Grünen Meeresschildkröte *(Chelonia mydas)*; jährlich kommen mehr als 2000 dieser Tiere hierher. Zudem gibt es – in kleinerer Anzahl – Echte Karettschildkröten *(Eretmochelys imbricata)* und Lederschildkröten *(Dermochelys coriacea)*. Kurz nach Einbruch der Abenddämmerung beginnt eines der bewegendsten Naturschauspiele überhaupt: Dann kommen die manchmal bis zu 100 Kilogramm schweren weiblichen Meeresschildkröten langsam an Land – oft das erste Mal seit mehreren Jahren – und steuern einen Eiablageplatz in sicherer Entfernung von der Brandung an, wo sie unter größten Mühen ein Loch für die Eier graben.

Der Prozess ist langwierig und extrem anstrengend für die Tiere; sie müssen immer wieder innehalten und sich ausruhen, bevor sie mit ihren Hinterbeinen weitergraben, bis endlich ein etwa ein Meter tiefes Loch entstanden ist. In der Endphase sieht man von Weitem nur noch Sandfontä-

LINKS **Von der Eiablage erschöpft schleppt sich eine grüne Meeresschildkröte zurück ins Meer, das ihr wenigstens eine gewisse Sicherheit bietet.**

nen, die von Zeit zu Zeit in die Höhe geschleudert werden – die Schildkröte ist vollständig in dem Loch verschwunden. Ist das Loch groß genug, ruht sich die Meeresschildkröte einige Minuten lang aus, bevor sie ihre Eier legt. Grüne Meeresschildkröten legen ihre Eier nur etwa alle zwei bis vier Jahre ab; jedes Mal befinden sich jedoch bis zu 100 der gummiartigen, golfballgroßen Eier in einem Nest; zudem gräbt jede Meeresschildkröte während der Eiablagesaison mehrere Nester. Ist die Ablage beendet, bedeckt die Schildkröte das Loch wieder mit Sand und versucht, die Stelle zu tarnen. Am Rande der Erschöpfung schleppt sie sich schließlich wieder ins Meer zurück.

Das Ganze kann bis zu zwei Stunden dauern und findet im Schutz der Dunkelheit statt, um Begegnungen mit Raubtieren zu vermeiden. Die Schildkröten sind nicht nur besonders verletzlich, sobald sie das Wasser verlassen haben; beginnt ein Weibchen erst spät nachts mit der Eiablage und hat das Nest bei Sonnenaufgang noch nicht zugeschüttet, stellen die Eier eine unwiderstehliche Beute für die vielen wartenden Vögel dar. Außerhalb der Schutzgebiete werden die Gelege auch von Menschen eingesammelt, die die Eier essen. Und auch nach dem Schlüpfen ist das Schildkrötenjunge noch längst nicht sicher: Nur etwa eines von 2000 Tieren erreicht das Stadium der Geschlechtsreife. Auf ihrem ersten Weg zum Meer fallen die Jungen oft Raubtieren wie Kojoten, Reihern oder Möwen zum Opfer, im Meer verfangen sich viele Schildkröten in Fischernetzen oder werden bei Zusammenstößen mit Motorbooten getötet. Einige Arten, etwa die Echte Karettschildkröte, jagt man immer noch wegen ihres Panzers, der als Schildpatt zur Schmuckherstellung dient. Doch dank der vielen freiwilligen Helfer, die sich in Costa Rica für die Tiere einsetzen, hat zumindest die dortige Population eine Chance zu überleben.

GEGENÜBER OBEN **Mit etwas Glück bekommt man in den küstennahen Gewässern von Tortuguero einen Karibik-Manati zu Gesicht. Die friedliebenden Tiere bewegen sich nur sehr langsam fort. Die Oberlippe der Seekuh erinnert an einen Elefantenrüssel; damit können die Tiere greifen, Wasserpflanzen pflücken und kommunizieren.**

GEGENÜBER UNTEN **An den Küsten Costa Ricas kann man wunderbar Meeresschildkröten beobachten. Jedes Jahr im August besucht mehr als eine halbe Million Oliver Bastardschildkröten *(Lepidochelys olivacea)* den Strand von Ostional; er ist der weltweit größte bekannte Eiablageplatz der Spezies.**

UNTEN **Die waldgesäumten Flüsse des Tortuguero-Nationalparks aus der Vogelperspektive. Am besten erkundet man das reiche Tierleben der Region per Boot.**

GEGENÜBER Wie exotische Blüten zieren Scharlachsichler oder Rote Ibisse diesen Baum im Caroni-Sumpf – einer der besten Orte der Insel, an denen man Vögel beobachten kann.

RECHTS Viele tropische Vogelarten, die man im Asa Wright Centre zu Gesicht bekommt, weisen ein außergewöhnlich farbenprächtiges Gefieder auf – so auch dieser Purpurnaschvogel *(Cyanerpes caeruleus)*.

48. Tropische Vögel auf Trinidad

Trinidad ist die südlichste karibische Insel und liegt nur zwölf Kilometer vor der Küste Venezuelas. Einst war sie durch eine Landzunge mit dem Festland verbunden, die es einigen typisch südamerikanischen Tierarten ermöglichte, die spätere Insel zu besiedeln. Am Ende der letzten Eiszeit, vor rund 10 000 Jahren, stieg der Wasserspiegel an, und die Landzunge wurde überflutet. Für eine Insel weist Trinidad also eine sehr vielfältige Flora und Fauna auf, die an die Tiere und Pflanzen des nahen Kontinents erinnern. Hier finden sich klassische »Festlandsäugetiere« wie Agutis *(Agouti paca)*, Brüllaffen *(Alouatta seniculus)*, Ozelots *(Felis pardalis)* und Zwergameisenbären *(Cyclopes didactylus)*. Doch damit nicht genug: Trinidad kann sich auch zahlreicher verschiedener Habitate und Pflanzengesellschaften rühmen, es gibt sowohl Tiefland- als auch Berg-Regenwald, Savanne, Laubwald sowie Süß- und Salzwasserfeuchtgebiete.

Für eine Insel von so bescheidener Größe – Trinidad ist nur etwa 4700 Quadratkilometer groß – findet sich hier auch eine erstaunliche Vielzahl von Insekten. So gibt es rund 650 verschiedene Schmetterlingsarten. Auch das Vogelleben auf der Insel ist beeindruckend, nicht nur hinsichtlich der Vielfalt und Anzahl der Arten – mehr als 460 Vogelarten wurden bislang verzeichnet –, sondern auch, weil die meisten Vögel, die es hier gibt, ursprünglich vom Amazonas stammen. Ein Paradies für Vogelfreunde – denn auf Trinidad hat auch der Besucher mit ungeübtem Auge eine Chance, Vögel zu beobachten, die man im tropischen Regenwald sonst nur schwer ausmachen kann. Auf dem südamerikanischen Festland gibt es zwar Orte, an denen bis zu 1000 verschiedene Vogelspezies vorkommen, doch kann man sie in den dichten Baumkronen kaum entdecken. Trinidad bietet außerdem exzellente besucherfreundliche Einrichtungen an, so das berühmte Asa Wright Nature Centre am Fuß des Northern Range in der Nähe der Stadt Amina. Die ehemalige Kaffee-Kakao-Zitrusfrucht-Plantage liegt mitten im Regenwald, der in den oberen Lagen teilweise noch völlig unberührt ist. Die Besucher können die Schönheit der Vogelwelt nicht nur bei Ausflügen in den Wald, sondern auch direkt von der Veranda des Zentrums aus genießen.

Die Besucher können es sich in den Sesseln auf der Veranda des Asa Wright Centres gemütlich machen, während sich vor ihren Augen eines der schönsten Naturschauspiele überhaupt abspielt: Die Früchte, die sich auf den Tischen in einiger Entfernung stapeln, und die Zuckerlösungen ziehen Vögel aller Größe, Gestalt und Farbe an. Viele – auch scheuere – Arten kommen ganz nah heran, weil sie den dargebotenen Delikatessen nicht widerstehen können. Auf diese Weise kann man nicht nur einzelne Vogelspezies leichter identifizieren, man kann sie sogar mit anderen Spezies vergleichen. Bis zu 40 verschiedene Arten hat man innerhalb einer Stunde schon gesichtet, darunter Tangare, Naschvögel, Spechte, Wollrücken, Goldamseln und mehrere Kolibriarten, die emsig um die Früchte und Blüten herumschwirren. Regelmäßige Gäste im Asa Wright Centre sind auch der lautstarke und unverwechselbare Krähenstirnvogel *(Psarocolius decumanus)*, der in der Nähe des Hauptgebäudes nistet, und der Flechtenglöckner *(Procnias averano)*, der seinen Namen dem charakteristischen, metallisch klingenden Ruf verdankt, der insbesondere in der Morgendämmerung durch den tropischen Wald hallt.

So einladend und bequem die Veranda auch sein mag – nicht versäumen sollte man einen Ausflug in den umgebenden Wald, der von mehreren Wanderwegen durchzogen ist. Sehr beliebt ist ein Besuch der berühmten Balzplätze der Säbelpipra *(Manacus manacus)*. Zunächst räumt das Männchen einen Platz am Boden der Lichtung frei, wo es dann einen imposanten Balztanz aufführt. Es hüpft vom Boden auf Bäume und wieder zurück, breitet die Flügel aus und macht eine Reihe zirpender Geräusche. Meist finden sich mehrere Männchen gleichzeitig, die um die Aufmerksamkeit der zuschauenden Weibchen wetteifern. Des Weiteren lohnt ein Ausflug zur weltweit einzigen leicht zugänglichen Kolonie von Fettschwalmen *(Steatornis caripensis)*, die der Wissenschaft immer noch Rätsel aufgeben. In einer Höhle auf dem Anwesen des Asa Wright Centres nisten bis zu 80 Paare dieser bemerkenswerten Spezies, die sich als einzige nachtaktive Art von Früchten ernährt. Bevorzugt auf dem Speiseplan stehen die Früchte der Ölpalme, die der Vogel vor allem mithilfe seines ausgezeichneten Geruchssinns ausfindig macht. Gegen Morgen kehren die Tiere in ihre Höhle zurück, in der sie sich – ähnlich wie Fledermäuse – mittels Echolot orientieren.

Schönheitswettbewerbe wird der Fettschwalm wohl kaum gewinnen, doch auch für Ästheten hat Trinidads Vogelwelt einiges zu bieten. Jeden Abend versammeln sich im Caroni-Sumpf nur wenige Kilometer südlich der Hauptstadt Port of Spain Tausende von Vögeln zu einem ganz besonderen Spektakel: Dann nämlich fliegt der Scharlachsichler oder Rote Ibis *(Eudocimus ruber)* seinen Schlafplatz an. Der auch als Flamingo bezeichnete Vogel sucht tagsüber bei Ebbe im Schlamm nach Krustentieren und legt dabei sogar eine Entfernung bis zur Küste Venezuelas zurück. Etwa eine Stunde vor Sonnenuntergang kehren die Vögel in kleinen Gruppen von 5 bis 20 einzelnen Tieren zu ihren Nachtquartieren in den Mangroven von Caroni zurück. Bis zu 3000 Scharlachsichler kann man dann hier sehen; der Anblick der Tiere, die die Mangroven in ein leuchtend rotes Meer verwandeln, gehört sicherlich zu den schönsten Naturerlebnissen der Welt.

OBEN LINKS **Kolibris wie der Schopfkolibri *(Lophornis ornatus)* bieten meist einen besonders hübschen Anblick. Ihre Flugkünste verdanken sie ihrer außerordentlichen Brustmuskulatur, die fast 30 Prozent ihres gesamten Körpergewichts ausmacht.**

OBEN RECHTS **Ein Fettschwalm mit seinen Jungen. Der Vogel ist nach der unrühmlichen Praxis der Ureinwohner benannt, die Jungtiere wegen ihres Fetts auszukochen. Glücklicherweise steht die Spezies heute unter strengem Schutz.**

GEGENÜBER **Ein Moskitokolibrimännchen *(Chrysolampis mosquitus)* an einer Hibiskusblüte. Kolibris müssen etwa alle 15 Minuten Nahrung aufnehmen; da die meisten Blüten nur wenig Nektar enthalten, müssen die Vögel täglich rund 2000 Blüten einen Besuch abstatten.**

49. Ein Leben ganz oben: Huascarán-Nationalpark

Die Vielfalt der Landschaften und Habitate in Südamerika überrascht immer wieder aufs Neue, doch zu den beeindruckendsten Ökosystemen des Kontinents zählen sicherlich die Anden. Sie erstrecken sich über mehr als 7000 Kilometer auf der Westseite Südamerikas und bieten zahlreichen, an große Höhen gewöhnten Tieren einen Lebensraum, die auf dem Kontinent sonst kaum Fuß fassen könnten. Die Anden, das sind kalte, windgepeitschte Hochebenen, Gletscher und schneebedeckte Gipfel; das Leben hier ist für Mensch und Tier gleichermaßen entbehrungsreich. Das strenge Klima mit dem häufigen Schneefall und Temperaturen, die in höheren Lagen auf bis zu −30 °C fallen, bestimmt den Charakter und die Verteilung der örtlichen Flora und Fauna. In dem größtenteils unzugänglichen Terrain sind viele interessante Tiere heimisch; es gilt als sicher, dass in den versteckten Tälern und an den abgelegenen Berghängen Arten leben, die der Wissenschaft bislang völlig unbekannt sind.

Hauptbestandteil der Anden ist die Cordillera Blanca, die mit ihren 27 bis zu 6000 Meter hohen Berggipfeln die höchstgelegene tropische Gebirgskette der Welt ist. Im Herzen der Cordillera Blanca befindet sich El Huascarán, mit 6768 Metern der höchste Berg Perus und der vierthöchste Südamerikas. Seine Zwillingsgipfel dominieren den umliegenden Nationalpark, der nach dem Berg benannt ist. Der 3400 Quadratkilometer große Huascarán-Nationalpark wurde 1985 zum Welterbe erklärt; die atemberaubende Andenlandschaft besteht aus zerklüftetem Bergterrain, tief einschneidenden Tälern und reißenden Flüssen. Azurblaue Bergseen bilden einen hübschen Kontrast zur schneebedeckten Bergkulisse dahinter. Fast der gesamte Park liegt oberhalb von 2500 Metern, die Lebensräume haben folglich überwiegend montanen Charakter. Es gibt innerhalb der Parkgrenzen jedoch auch eine erstaunliche Bandbreite an Vegetation. Rund 800 verschiedene Pflanzenarten hat man bis dato hier identifiziert, darunter auch zahlreiche hoch spezialisierte Pflanzengesellschaften – etwa *Polylepis*-Wälder, die zu den höchstgelegenen der Welt gehören. Zudem gibt es eine faszinierende Vielzahl von Bergorchideen.

Wahrzeichen der Flora von Huascarán ist die *Puya raimondii*, zweifelsohne eine der ungewöhnlichsten Pflanzen unseres Planeten. Die große Bromelie wächst in Höhen zwischen 3200 und 4800 Metern auf trockenen, felsigen Abhängen. Man kann sie leicht an ihren bis zu drei Meter großen, rosettenartig angeordneten Blättern erkennen, die durch Dornen geschützt sind. Wie viele Pflanzen in großen Höhen, so wächst auch die *Puya* langsam; nicht selten blüht sie mit 100 Jahren zum ersten Mal. Dann bildet sie eine bis zu zehn Meter große Dolde aus, die um die 8000 Blüten trägt; ist die Blüte vorüber, stirbt auch die Pflanze. Bei einem so langen Lebenszyklus reagiert die Pflanze natürlich empfindlich auf Veränderungen in ihrer Umgebung; darüber hinaus stellt die *Puya* ganz spezifische Anforderungen an ihren Standort – sie kommt nur in Teilen Perus und Boliviens vor.

Aufgrund des ausgesprochen rauen Klimas und Terrains gibt es in Huascarán – verglichen mit dem Rest Südamerikas – nur eine begrenzte Anzahl von Tierspezies. Dafür sind diese umso eindrucksvoller. Zu den hier lebenden Säugetieren gehören Vicunjas *(Vicugna vicugna)* und Weißwedelhirsche *(Odocoileus virginianus)*, die in Herden an den Berghängen grasen – beide stellen für den Puma *(Felis concolor incarum)* eine potenzielle Beute dar. Auch zwei kleinere Mitglieder der Katzenfamilie sind im Park schon gesichtet worden: die Pampaskatze *(Leopardus colocolo)* und die Andenkatze *(Leopardus jacobitus)*. Letztere ist die seltenste Katze Südamerikas und ausgezeichnet an ihre

GANZ OBEN **Die *Puya* ist ein Wahrzeichen des Huascarán-Nationalparks und taucht in der erstaunlichen Landschaft der Andenregion recht häufig auf. Ihre Blätter sind mit Dornen bewehrt – vermutlich, um sie vor Tieren zu schützen.**

OBEN **Die Sturzbachente (im Vordergrund ein Weibchen, dahinter ein Männchen) fühlt sich in den reißenden Gewässern der Anden sehr wohl. Leider scheint der Bestand in ihrem gesamten Verbreitungsgebiet zu sinken.**

GEGENÜBER **Der Andenkondor hält sich oberhalb der Baumgrenze auf und ernährt sich von Aas. Die Weibchen legen nur ein einziges Ei, meist in einer Höhle oder auf einer Klippe; die Jungen sind erst mit sechs Jahren geschlechtsreif.**

GEGENÜBER OBEN **Die Täler und Berggipfel von Huascarán bieten anspruchsvolle Trekkingmöglichkeiten, man sollte diese Wildnis allerdings nur unter fachkundiger Führung erkunden. Tiere sieht man in dieser rauen Landschaft eher selten; die einheimischen Arten gehören jedoch zu den eindrucksvollsten Südamerikas.**

GEGENÜBER UNTEN **Brillenbären kommen in den nördlichen zwei Dritteln der Andenkette häufig, aber jeweils nur in kleiner Anzahl vor. Vielerorts sinkt ihr Bestand; in einigen Teilen ihres ehemaligen Verbreitungsgebiets sind sie bereits ausgestorben.**

bergige Umgebung angepasst; sie ist zwar viel kleiner, ähnelt aber äußerlich dem ebenfalls sehr scheuen asiatischen Schneeleoparden (siehe S. 91). Über die Ökologie und Verhaltensweisen der Andenkatze weiß man noch recht wenig.

Darüber hinaus ist Huascarán einer der letzten Zufluchtsorte des Brillenbärs *(Tremarctos ornatus)*, der in Peru nur noch versprengt Verbreitung findet. Der Brillenbär ist die einzige Bärenart Südamerikas und die seltenste der Welt; seinen Namen verdankt er der charakteristischen Gesichtszeichnung, die bei jedem Bär anders ist. In den Anden kommt er zwar häufig vor, doch sind die Populationen klein; wie alle Bären, so ist auch der Brillenbär ein Allesfresser und ernährt sich von dem, was er kriegen kann – seien es Früchte, Bromelien oder Wirbellose. Die Tiere sind ausgezeichnete Kletterer. Man bekommt den scheuen und nachtaktiven Bären nur selten zu Gesicht; wenn, dann eher in den Wäldern der Bergregion. Außerhalb der Schutzgebiete sind die Bären durch Zerstörung des Lebensraums und Wilderei stark gefährdet – es ist eher unwahrscheinlich, dass die gesamte Weltpopulation 5000 Tiere übersteigt.

Die in Huascarán lebenden Vögel haben sich ganz spezifisch an ihre Umgebung angepasst. Über 110 Vogelarten – darunter mehrere endemische – hat man im Park bislang verzeichnet. Der größte und bei Besuchern besonders beliebte Vogel ist der majestätische Andenkondor *(Vultur gryphus)*. Meist sieht man mindestens einen, oft sogar mehrere Andenkondore, die sich mit ihrer eindrucksvollen Flügelspanne von drei Metern mühelos von den wärmeren Luftströmungen tragen lassen. Die Aasfresser befinden sich permanent auf Nahrungssuche. Entlang der reißenden Flüsse im Park trifft man auf eine weitere faszinierende Vogelart, die farbenprächtige Sturzbachente *(Merganetta armata)*.

Der Huascarán-Nationalpark ist auch bei Wanderern und Trekkern sehr beliebt; auf Besucher, die sich vorwiegend für die Fauna des Parks interessieren, hat man sich hier allerdings noch nicht ausreichend eingestellt. Dabei hat der Park ein großes Potenzial als Reiseziel im Rahmen eines vernünftig betriebenen Ökotourismus; doch wie überall auf der Welt, so ist auch hier das sensible Gleichgewicht der Habitate von der Erderwärmung bedroht. Gebirgsökosysteme wie das der Anden reagieren besonders empfindlich auf Temperaturschwankungen – einige Gletscher schmelzen bereits. Die Wissenschaftler versuchen nun, herauszufinden, was dies für die Tiere dieser rauen, aber wunderschönen Gegend bedeuten könnte.

RECHTS **Vicunjas sind die kleinsten Mitglieder der Kamelfamilie. Die Tiere wurden wegen ihres weichen Fells einst so intensiv gejagt, dass sie in den 1970er Jahren als beinahe ausgestorben galten. Heute kann man in Huascarán wieder ganze Familienverbände von Vicunjas beobachten.**

50. Die Pinguine und Robben von Südgeorgien

Südgeorgien ist in jeder Hinsicht ein abgeschiedener Ort. Die größte Insel der felsigen Inselgruppe, zu der auch die Südlichen Sandwichinseln gehören, liegt mitten im Südatlantik; hier herrschen fast das ganze Jahr über Wind, Schnee und Eis. Nach seiner geografischen Lage gehört Südgeorgien zur Subantarktis; Klima, Terrain und Fauna haben jedoch einen entschieden antarktischen Charakter. Dies kommt dadurch zustande, dass die Insel südlich des Punktes liegt, an dem die nördlich fließenden kalten Strömungen aus der Antarktis von den wärmeren Gewässern des Atlantiks überdeckt werden. Südgeorgien besteht zur Hälfte aus Gletschern, die kleineren Buchten und küstennahen Inselchen sind regelmäßig von Eis überfroren. In besonders kalten Wintern hat sich das antarktische Packeis auch schon nördlich bis nach Südgeorgien ausgedehnt.

Doch trotz dieser Abgeschiedenheit – das nächste Festland, Südamerika, ist über 2000 Kilometer entfernt – ist Südgeorgien keineswegs trostlos, zumindest nicht hinsichtlich der dort lebenden Tiere. Denn hier gibt es einige der größten Tierpopulationen überhaupt, möglicherweise sogar die größte Tierdichte der Erde. Die Zahlen sprechen für sich: mehr als 20 Millionen Antarktis-Walvögel *(Pachyptila desolata)*, fast vier Millionen Lummensturmvögel *(Pelecanoides urinatrix)* und 2,7 Millionen Goldschopfpinguine *(Eudyptes chrysolophus)*. Und das sind nur die am zahlreichsten vorkommenden Vogelarten, viele andere sind zu Tausenden vertreten. Außerdem gibt es in Südgeorgien große Kolonien des Antarktischen Seebären *(Arctocephalus gazella)* und des Südlichen Seeelefanten *(Mirounga leonina)* – in einem Gebiet, das nicht größer ist als 170 mal 40 Kilometer.

Hauptgrund hierfür ist das Überangebot an Nahrung. Die Gewässer um Südgeorgien wimmeln vor Leben; Krill, Tintenfische und Fische stellen vor allem für die jungen Vögel nahrhaftes Futter dar. Angst vor dem Menschen kennen die Tiere hier nicht, und so sind erstaunliche Begegnungen zwischen Mensch und Tier möglich. Zu den beeindruckendsten gehört vielleicht der Besuch einer Königspinguinkolonie *(Aptenodytes patagonicus)*. Die nach dem Kaiserpinguin *(A. forsteri)* zweitgrößte Pinguinart nistet hier in großer Anzahl. Insgesamt gibt es in Südgeorgien rund 400 000 der Tiere, der größte Nistplatz befindet

Oben **Goldschopfpinguine suchen Schutz vor einem Schneesturm. Die Spezies heißt auch Macaronipinguin, nach den Dandys im London des 18. Jahrhunderts, die auffällige italienische Federn als Kopfschmuck trugen.**

Rechts **Eine für Südgeorgien typische Szene: Königspinguine versammeln sich in großer Zahl an einem Strand, im Vordergrund dösen Seeelefanten, und dahinter erhebt sich eine imposante Gletscherlandschaft.**

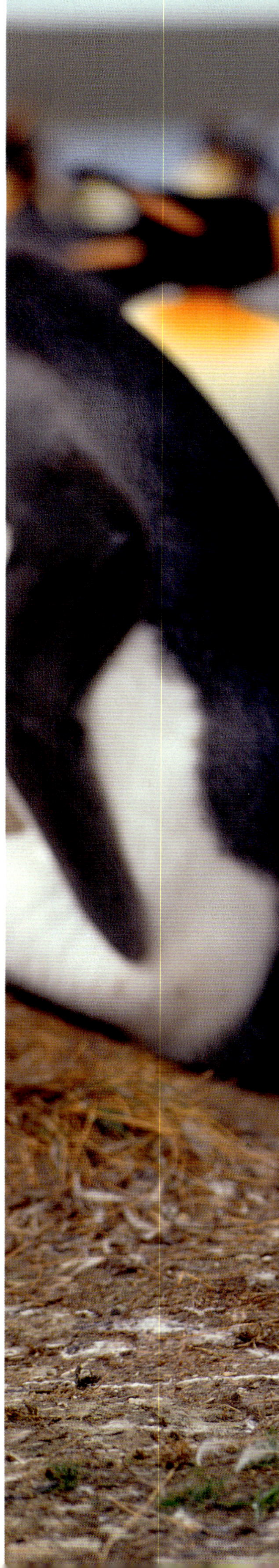

Gegenüber **Ein Königspinguin mit einem Jungvogel. Die Eltern tragen die Jungen auf ihren Füßen, damit der Kontakt mit dem eisigen Boden möglichst gering bleibt, und wärmen sie mit ihrem Bauchgefieder.**

sich in der St. Andrew's Bay; hier versammeln sich mehr als 250 000 Königspinguine neben vielen Tausenden von Südlichen Seeelefanten.

Während Königspinguine andernorts ihre Nistplätze nur in der relativ kurzen Brutzeit besetzen, haben die Vögel in Südgeorgien einen Brutzyklus von 18 Monaten; die Nistplätze auf der Insel sind folglich das ganze Jahr über voller Tiere. Mit etwas Glück zieht ein Pärchen alle drei Jahre zwei Junge auf; das erste zu Beginn des antarktischen Sommers und das zweite am Ende des Sommers im darauffolgenden Jahr. Dann lässt das Pärchen eine Brutzeit aus, um wieder zu Kräften zu kommen, und brütet im nächsten Sommer erneut. Deshalb kann man hier Tiere aller Altersstufen sehen: Ein Pärchen brütet vielleicht gerade ein Ei aus, füttert zur gleichen Zeit aber bereits mehrere andere Jungtiere unterschiedlichen Alters.

Königspinguine benötigen einen Quadratmeter Raum pro Paar; danach sind auch ihre Nistplätze angeordnet. Im Gegensatz dazu okkupiert ein Paar Wanderalbatrosse *(Diomedea exulans)* 30 Quadratmeter Fläche; mit ihrer Flügelspanne von über drei Metern brauchen sie recht lange Start- und Landebahnen. 4000 Paare dieser Vögel nisten auf drei kleinen Inseln vor Südgeorgien; ihr Bestand ist seit 1984 aufgrund der Überfischung jedoch um ein Drittel zurückgegangen. Wanderalbatrosse werden zwar meist älter als 50 Jahre, brüten jedoch nur etwa 10- bis 15-mal in ihrem Leben – so schnell erholt sich eine einmal dezimierte Population also nicht.

Die größten Säugetiere Südgeorgiens, die Südlichen Seeelefanten, sind gleichzeitig die größten Robben der Welt. Sie erreichen ihre Brutstrände im September und Oktober. Die Bullen verstricken sich gleich in Revierstreitigkeiten, meist blutige Machtkämpfe, bei denen die Protagonisten verletzt, wenn nicht sogar getötet werden. Der Bulle, der sich durchsetzt, beherrscht den Strand und hält sich einen Harem von 40 bis 50 Kühen; diese Rolle ist allerdings so anstrengend, dass die durchschnittliche Lebenserwartung dieser Bullen nur etwa die Hälfte der Lebenserwartung der Kühe beträgt. Antarktische Seebären brüten erst im November und Dezember; auch ihre Brutstrände sind so dicht besiedelt und hart umkämpft, dass Besucher dort nicht gefahrlos an Land gehen können. Die Bullen greifen zur Verteidigung ihres Reviers ohne Weiteres auch Menschen an. Weit weniger einschüchternd zeigt sich die in Südgeorgien heimische Rentierpopulation *(Rangifer tarandus)*. Die Tiere wurden im ersten Viertel des 20. Jahrhunderts auf der Insel angesiedelt und haben sich mangels natürlicher Feinde prächtig entwickelt.

Schließlich kann sich Südgeorgien auch des weltweit südlichsten bodenbrütenden Vogels rühmen, des Südgeorgien-Piepers *(Anthus antarcticus)*. Er kommt nur hier vor und stammt vermutlich von einer südamerikanischen Pieperart ab, die sich hierher verirrt und zu einer eigenen Spezies entwickelt hat – ein weiterer Beweis für die Einzigartigkeit dieses Ortes.

Unten **Im Südwesten Südgeorgiens, vor der Antarktischen Halbinsel, liegen die Südlichen Shetlandinseln. Hier nisten Millionen von Zügelpinguinen *(Pygoscelis antarctica)* – im Bild hinter einer Gruppe Antarktischer Seebären.**

OBEN Ein Abschnitt der Königspinguinkolonie in der St. Andrew's Bay. Die Jungen erkennt man an ihrem dichten braunen Fell, das sie vor Wind und eisigen Temperaturen schützt.

RECHTS Ein Antarktischer Seebärenbulle. 95 Prozent der Weltpopulation dieser Spezies – schätzungsweise 1,5 Millionen Tiere – brüten in Südgeorgien.

GANZ RECHTS Männliche See-elefanten wiegen bis zu 4000 Kilogramm und erreichen eine Länge von 1,80 Metern.

GEGENÜBER Wanderalbatrosse bei der Balz. Die Vögel paaren sich fürs Leben und bekräftigen ihre Verbindung immer wieder durch aufwendige und lautstarke Begrüßungsrituale.

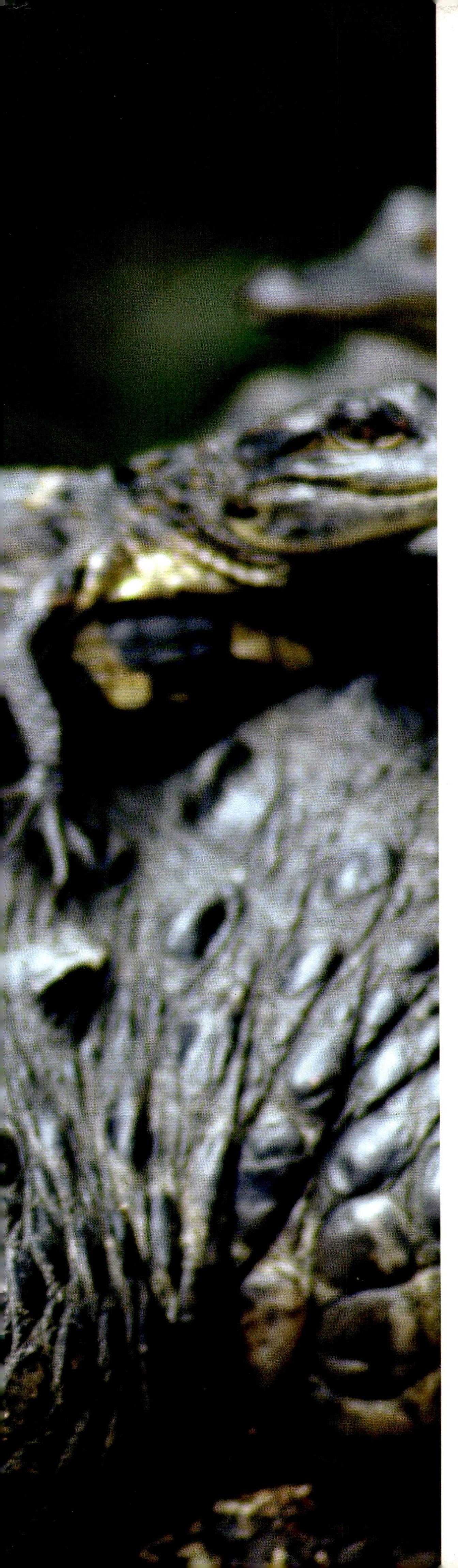

VERZEICHNIS DER ORTE

LINKS Alligatoren wurden in den südlichen USA einst erbarmungslos wegen ihrer Haut gejagt. Heute stehen sie unter Schutz, der Bestand ist wieder gestiegen.

WEITERFÜHRENDE INFORMATIONEN

Es gibt eine Vielzahl von Reisebüros, die sich auf Naturerlebnisreisen spezialisiert haben – auch zu den Orten, die in diesem Buch vorgestellt werden. Sehen Sie sich den Reiseverlauf vorher genau an – vor allem, wie viel Zeit Sie an den verschiedenen Aufenthaltsorten haben. Wichtig ist auch, ob sich das jeweilige Reiseunternehmen für den Umweltschutz in der bereisten Region einsetzt. Vielleicht können Sie sich – beispielsweise via Internet – mit Reisenden in Verbindung setzen, die mit dem entsprechenden Unternehmen schon einmal in der Gegend waren. Machen Sie sich vor Ihrer Abreise auch mit der Flora und Fauna Ihres Reiseziels vertraut. Eine Alternative stellen Reiseunternehmen vor Ort dar, die ebenfalls geführte Touren anbieten. Auf diese Weise helfen Sie nicht nur den in der Region lebenden Menschen, ihren Lebensunterhalt zu verdienen, Sie tragen im Rahmen des Ökotourismus auch zum Tier- und Umweltschutz bei – und bekommen mit einem fachkundigen einheimischen Führer auch viel mehr zu sehen!

Die im Folgenden aufgelisteten Websites liefern wertvolle Hintergrundinformationen zu Fragen des Tier- und Umweltschutzes:

Die Website der Umweltschutzabteilung der Vereinten Nationen (»World Conservation Monitoring Centre«, nur auf Englisch) beschäftigt sich mit vielerlei Themen, vom Klimawandel über den Artenschutz bis zu gesetzlichen Regelungen: **www.unep-wcmc.org.**

Viele der in diesem Buch vorgestellten Orte wurden von der UNESCO zum Welterbe erklärt. Weitere Informationen dazu finden Sie unter: **whc.unesco.org** (auf Englisch und Französisch).

Darüber hinaus gibt es natürlich noch weitere wichtige Umweltschutzorganisationen. Dazu gehören auch die Folgenden:

Birdlife International **www.birdlife.org**
Fauna & Flora International **www.fauna-flora.org**
Friend of the Earth **www.foe.org**
Greenpeace **www.greenpeace.de**
People & the Planet **www.peopleandplanet.net**
The Wildlife Conservation Society **www.wcs.org**
The World Conservation Union **www.iucn.org**
The World Land Trust **www.worldlandtrust.org**
The Worldwide Fund for Nature **www.panda.org**

GEGENÜBER **In freier Wildbahn gibt es den Asiatischen Löwen weltweit nur noch in einem einzigen Nationalpark.**

REGISTER

Die *kursiv* gesetzten Seitenzahlen verweisen auf Bilder.

U

V

W

Y

Z

BILDNACHWEIS

Der Verlag dankt den folgenden Personen, Institutionen und Bildagenturen für die freundliche Genehmigung zur Reproduktion ihrer Fotografien:

Legende:
o = oben, u = unten, l = links, r = rechts und m = Mitte.

Alamy Images: /Blickwinkel: 32, 123 u, /Penny Boyd: 123 o, /Robert Harding Picture Library Ltd: 238 o, /David Tipling: 29.
Ardea: /Jean-Paul Ferrero: 137 o, /Jean-Michel Labat: 63 u.
© Daniel Bergmann: 40, 41 o, 41 u, 42, 43.
© Stevebloom.com: 52–53, 58, 59, 84, 86 o, 128, 129, 131 o, 116–117, /Pete Oxford: 200 ul.
Corbis Images: /Theo Allofs: 154 ol, /Adrian Arbib: 20 u, /Ashley Cooper: 22–23, /Nigel J. Dennis; Gallo Images: 31 o /Michael & Patricia Fogden: 227 ul, /Raymond Gehman: 19, /Dan Guravich: 206, /George H. Huey: 166, /Ed Kashi: 12–13, /Craig Lovell: 171, /Joe McDonald: 70, 182, /Galen Rowell: 170 u, /Kevin Schafer: 236 o, /Brian A. Vikander: 125.
© Teresa Farino: 24 o, 24 m.
FLPA: 168 m, /Jim Brandenburg/Minden Pictures: 190 u, /Reinhard Dirscherl: 156 m, 221 o, /Michael Durham/Minden Pictures: 173 u, /John Eastcott/Minden Pictures: 169 o, /Gerry Elliis/Minden Pictures: 200 ol, /Yossi Eshbol: 104 u, /Janet Finch: 143, /Tim Fitzharris/Minden Pictures: 184 u, /Michael & Patricia Fogden/ Minden PIctures: 150, 154 ul, 154 ml, 154 mr, 154 ur, 226, 227 o, 227 mr, 224–225, /Tom und Pam Gardner: 154 or, /Frans Lanting/Minden Pictures: 65, 96, 113, 172, 196–197, 214, 215, 216 u, 244 ur, /Michio Hoshino/Minden Pictures: 188, 189, /David Hosking: 6, 15, 25, 77, 179 o, 219, /Mitsuaki Iwago/Minden Pictures: 51, 55, 78, /Gerard Lacz: 132–133, /Thomas Mangelsen/Minden Pictures: 160–161, /Colin Marshall: 114 u, /Claus Meyer/Minden Pictures: 198–199, 213, /Mitsuaki Iwago/Minden Pictures: 240, /Yva Momatiuk/John Eastcott/ Minden Pictures: 194–195, /Flip Nicklin/Minden Pictures: 190 o, /Panda Photo: 33, /Patricio Robles Gil/Sierra Madre: 146 o, /Fritz Polking: 178, 208–209, / Michael Quinton/Minden Pictures: 162, /Richard du Toit/Minden Pictures: Prelim, 64–65, /S & D & K Maslowski: 169 u, /Malcolm Schuyl: 170 o, 179 u, / Tui de Roy/Minden Pictures: 184 or, 217 ol, /Jurgen & Christine Sohns: 174–175, /Ariadne Van Zandbergen: Prelim, 44–45, 79 o, 79 u, /Winfried Wisniewski: 38 u, 126, 127 u, /Martin B. Withers: 183, /Konrad Wothe/Minden Pictures: 212 o, 233, 235 or /Shin Yoshino/Minden Pictures: 114 o, /Zhinong Xi/Minden Pictures: 130.
Getty Images: /Express Newspapers: 60, /National Geographic: 74, 75, 202–203, /Mitch Reardon/Stone: 62, /Royalty-Free: 211, /Science Faction: 158.
Nature Picture Library: /Aflo: 1, /Ingo Arndt: 86 u, 94–95, 145 u, 224, /Niall Benvie: 17 o, /Mark Carwardine: 158, /Bernard Castelein: 16 u, 124, /Jim Clare: 199, /Philippe Clement: 34–35, /Brandon Cole: 140 u, 193 o, 193 u, /Christophe Courteau: 24–25, 66 o, 67, /Delpho/ARCO: 180–181, /Angelo Gandolfi: 31 u, /Nick Garbutt: 56 o, /Hanne & Jens Eriksen: 103, /Sharon Heald: 68–69, /Tony Heald: 66 m, 71, /Paul Hobson: 28 u, 63 o, /Ashok Jain: 101, /Jean-Pierre Zwaenepoel: 127 o, /Steven Kazlowski: 163, /David Kjaer: 176–177, /Luiz Claudio Marigo: 200 ol, /Lynn M. Stone: 185, Prelim , /Tom Mangelsen: 164–165, /Luiz Claudio Marigo: 212 u, /Mark Payne-Gill: 102–103, /Nigel Marven: 207, /Vincent Munier: 191, /Pete Oxford: 54, 106–107, 201, 210, 222–223, 238 u, /Patricio Robles Gil: 149, 152–153, /Michael Pitts: 137 u, /Mike Potts: 27, 28 o, /Roger Powell: 38 o, /Todd Pusser: 242, /Reinhard/Arco: 242–243, /Anup Shah: 46, 49 o, 49 u, 99 u, 100, 116, 249, / Lynne M. Stone: 173 o, /Artur Tabor: 20 o, 21, /Kim Taylor: 235 , /David Tipling: 16 o, 244–245, /Jeff Vanuga: 177, /Tom Vezo: 184 ol, /Bernard Walton: 72, /Dave Watts: 145 o, /Adam White: 141 m, / Staffan Widstrand: 85, 108, 110, /Xi Zhinong: 131 ur.
NHPA: /A.N.T. Photo Library: 155, /Henry Ausloos: 231 o, /Daryl Balfour: 87, 60–61, /Bruce Beehler: 147, / George Bernard: 239, /Mark Bowle: 216 o, /Paul Brough: 105, /Laurie Campbell: 17 u, 236 u, /James Carmichael Jr.: 234, /Bill Coster: 39 o, 223, /Vicente Garcia Canseco: 36, 37 o, / Gerald Cubitt: 99 o, /Stephen Dalton: 24 u, /Nigel J. Dennis: 56 m, /Nick Garbutt: 57, 97 u, 115, 119, 127 u, /Iain Green: 111, /Martin Harvey: 4, 97 o, 112, 121, 136 u, 134–135, Nachsatz, /Brian Hawkes: 221 u, /Adrian Hepworth: 228–229, 231 u, /Daniel Heuclin: 95, 148, 168 o, /Jordi Bas Casas: 34, /Rich Kirchner: 138 m, /David Middleton: 218, 240–241, /Helmut Moik: 30, /Alberto Nardi: 37 u, 39 u, /Otto Pfister: 90, /Rod Planck: 244 ul, /Andy Rouse: 120–121, 200 ur, /Kevin Schafer: 209, /Jonathan & Angela Scott: 50–51, 76, 118, /John Shaw: 141 o, 245, /Eric Soder: 217 or, /Mirko Stelzner: 26, 217 u, /Karl Switak: 136 o, /T Kitchin & V Hurst: 2–3, /James Warwick: 88–89, /Dave Watts: 135, /Martin Wendler: 230.
Photolibrary.com: 46–47, / Tobias Bernhard: 140 o, /Alan & Sandy Carey: 167, /David Cayless: 104 o, /Desney Clyne: 204–205, /Martyn Colbeck: 194, /Marty Cordano: 168 u, /Daniel Cox: 142, /David Fleetham: 157 u, 192, 220 o, /Michael Fogden: 227 ml, 227 ul, /Mark Jones: 237, /Peter Lillie: 68, /Kristin Mosher: 48, /Elliott Neep: 122, /Pacific Stock: 144, / James H. Robinson: 186–187, 246–247, /Alan Root: 146 m, /Tui De Roy: 220 u, 222, /Gerard Soury: 156 o, 157 o, /Steve Turner: 151, /Konrad Wothe: 8–9, 131 ul, 232.
RSPB Images: /Steve Knell/rspb-images.com: 14.
© Snow Leopard Conservancy: 91, 92, 93 o, 93 u.
© David Wall: 138 o, 139, 141 u.
© Carlton Ward: 80–81, 81 u, 82, 82–83.
Der Verlag dankt Jean Hosking von FLPA, Rachelle Macapagal von Nature Picture Library und Tim Harris von NHPA für ihre Unterstützung.

DANKSAGUNG

Der Autor möchte sich bei den folgenden Personen für ihre Unterstützung bedanken: Jo Anderson, Steve Backshall, Miles Barber, Sophie Blair, Clive Byers, Dominic Couzens, Deborah Evans, Teresa Farino, Nick Garbutt, Honor Gay, Andrés Hernández-Salazar, Darla Hillard, Isobel Hunter, Luke Hunter, Rodney Jackson, Mike McCoy, John & Valerie O'Dwyer, Simon Papps, Hashim Tyabji, Sarah Whittley, Sue & Malcolm Whittley und Simon Wilson Stephens. Sein besonderer Dank gilt dem Projektleiter Gareth Jones, der ihm humorvoll und geduldig mit Rat und Tat zur Seite stand; Liz Dittner für ihr untrügliches Auge; Steve Behan für die Bildbeschaffung; Anna Pow und Smith Design.